不破哲三との対話

日本共産党はどこへ行く？

村岡到
Muraoka Itaru

社会評論社

人間は、疎外のもとにおいてもつねに人類としての富を展開してきた。……否定面の理解をともなわぬ肯定が弱いものであるように、肯定面の理解をともなわぬ否定は弱い。……ブルジョア社会の人間は、原始的な段階では想像もつかなかった高度の段階でその矛盾を生産しているのであって、この矛盾を媒介として、人間は還帰すべき自己の本質により深い実体的根拠を与えた。（梅本克己「人間にとって歴史とは何か」『マルクス主義における思想と科学』三一書房、一九六四年、一三〇頁）

不破哲三との対話——日本共産党はどこに行く?＊目次

第三部　理論上の問題点と根本的限界

〈凡例〉

本書では、引用の訳文中の「権利」を断りなく「権理」としました。
敬称は省略しました。初出掲載誌どおりの場合もあります。
＊印は、巻末の文献案内への参照を表示したものです。
不破哲三、宮本顕治らの著作で出版社を明記していないものは、すべて新日本出版社刊です。

プロローグ　不破哲三の歩みと人間像

吉川英治入門を志願した少年時代

日本共産党の名を知らない読者がいるとは思えないが、上田建二郎の名を知るものはかなりの事情通と言ってよいだろう。その上田建二郎の名が、戦前一九三九年に『綴方学校』なる、表紙に「子供の文化のための雑誌」と銘打たれている雑誌に掲載された作品の筆者の名前として印刷されていた。作品は「怪塔ロケット」とある。掲載にさいしての説明文が付されているが、こう書いてある。「この作者の上田建二郎君は東京市内の某小学校の三年生である。夫々四百字詰原稿用紙百五十枚に近い原稿が編集部に持ち込まれてきた。……上田建二郎君は学級で一、二の成績をとっている天才的な優等生で、あまり細事にくよくよしない性質をもっている。記憶力なども非常によ」い。小説には「神出鬼没」「爆弾砲」などの漢字も使われている。とても九歳の少年のものとは思えない。聖楽モーツアルトは六歳で作曲したというが、九歳で一五〇枚もの小説を書くとは驚嘆するほかない。

「綴方学校」の字を見て、年配者なら上田庄三郎の名を思い出す人もいるかもしれないが、建二郎少年は、優れた教育実践者上田庄三郎の次男である。そして、この少年こそ、今では百冊もの著作をものしている、日本共産党議長不破哲三その人である。

私は不破哲三の伝記を書こうというのではない。百冊もの著作がありながら、自分を語ることがほとんどない不破は、どんなに筆の立つ伝記作者が挑戦しても、レーニンやトロツキーの伝記のように胸おどる波乱の生涯として描くことはできないであろう。幸いなことに、前記のエピソードを紹介している（四六頁）、水上勉との対談『一滴の力水――同じ時代を生きて』（光文社）が少年時代を垣間見せてくれる。

上田建二郎は、一九三〇年一月二六日に、東京府豊多摩郡野方町で、上田庄三郎、鶴恵の次男として生を授かった。生家は豊多摩刑務所（後に中野刑務所と改称し、現在は平和の森公園になっている）の北側にあった。三二年に東京都になり、中野区となった。

たくさんの書籍に囲まれて育った建二郎少年は、『現代日本文学全集』『明治大正文学全集』『現代大衆文学全集』、外国の翻訳物を片端から読破し、文学少年になっていった。小学校二年、八歳になると「小説めいたものを書きだした」という。

「作家で誰が好きか」と父に尋ねられた建二郎少年は、「即座に『吉川英治』と答え」た。『鳴門秘帳』『宮本武蔵』などが愛読書だったからである。四年生、一〇歳の時、父は面識もない吉川英治に手紙を書き、親子は入門をお願いしに吉川英治を訪ねた。吉川は「二十歳になって、まだ書く気があったら、どうぞまたいらっしゃい」と応じた。不破は会話の「最後の忠告が、いまでもさすがと思います」（五一頁）と回想している。

ここで、上田庄三郎について見ておこう。

上田庄三郎は、一八九四年（明治二七年）に高知県幡多郡（現土佐清水市）で誕生した。土佐は、四国の太平洋側、日本の辺境に位置し、明治維新の後、板垣退助や植木枝盛らが自由民権運動を起こし、土佐の先人には中江兆民、大逆事件で刑死した幸徳秋水（一八七一年～一九一一年）がいる。庄三郎は、不破によれば「木こりの貧乏百姓の息子」だという。

庄三郎は、師範学校を一九一四年（大正三年）に卒業した後、故郷で小学校に勤務し、青年教師のサークル「闢明会」を結成した。教育の自由を求め、教育革新を願う青年教師のこの集まりは、しばしば弾圧の対象となった。庄三郎は、二一年、益野小学校の校長に任命された。校舎が焼失していたため、村のお宮を校舎にみたて、そこに「益野児童共和国」の標札を掲げた。そこでの教育理念を「学校が兵営でない限り、学校がろう獄でない限り、学校は子ども達に最大の自由が認められ、最大の創造心を培う殿堂であらねばならない」と明示した。庄三郎は、「童心こそ人類の地軸」と説いた。

その後、庄三郎は幡多を追われ神奈川県に移り、雲雀ヶ岡「児童の村」小学校校長となり、二九年（昭和四年）に全国的な生活綴方教育運動の推進を意図した機関誌『綴方生活』の創刊に参加した。この生活綴方教育運動は大きな成果を挙げた。当時世界では、エレン・ケイ『児童の世紀』の発行、J・デューイによる実験学校の創設など、いわゆる新教育運動・教育改革運動が展開されていた。その後、その思想や実践が大正デモクラシー運動を背景として、大正自由教育として花開く。庄三郎が展開した益野児童共和国や綴方運動はその先駆的な実践であった。

——以上の記述は、山本大・千葉昌弘著『高知県の教育史』（思文閣出版、一九九〇年、二二五頁。二七五頁～二八三頁）による。

神奈川に住んでいた時に長男耕一郎が生まれ、東京に移ってから建二郎が生まれた。兄弟の名は、耕＝農業、建＝労働という意味で命名されたと言われている。東京では夫婦、子供五人、祖母の八人の家族であった。出版社を転々とし教育評論の原稿を書いて生計を立てる上田家は貧しかった。こんなこともあった。当時は布団の綿を自分の家で入れ替えていたが、母は、野原へ行ってススキの穂を刈ってきて「自分の布団には綿の代わりにそのススキの穂を入れ」（水上対談、一六四頁）ていたという。

庄三郎は、教え子たちに深く慕われていて、一九八三年に生地に立派な石碑が建てられた。不破は、井上ひさしとの共著『新日本共産党宣言』（光文社）でこんなふうに回想している。「海岸がずっと国立公園となっていて、その龍串という名勝地に、見上げるような巨大な自然石を刻み込んだ、父の碑があるのです。……碑面には『上庄先生を憶う』という碑銘があ〔る〕……妻と二人、この碑の前に立って、やはり深く感動しました」（二五三頁）。一九九九年に初めて父の故郷を訪ねた時のことである。

東大細胞の指導部として活動

話を建二郎少年に戻そう。不破は、日米開戦の四一年十二月には野方小学校六年生で、「軍国少年の高揚した雰囲気で一日を過ごしました」と語っている。中学校に入ると、「進路の希望が、作家から理科方面に切り替わっ」た。軍艦に熱中して「造艦技師になりたくなっ」た。中学三年生の一学期からは勤労動員で品川の明電舎（一八九七年創業の電気会社）で働かされ、敗戦の詔勅はそこの屋上で聞いた。

この軍国少年にも価値観の転換が起きるが、「この転換では、わが家では、私はいちばん立ち遅れたほうでした。父のほうは、敗戦の十月に、投獄されていた共産党の幹部が出てきたとき、その人たちを歓迎する集会にさっそくかけつけ、再刊された「赤旗」の第一号からの読者になって、家に持ちこんできました。兄も、戦時中から高校の寮には、マルクスやエンゲルスなどの禁書が流通したりしていましたから、割合に早く、共産党の考えに近づいてゆきましたね。……兄が一九四六年十二月の末に党に入ったと聞いて、一九四七年一月、まだ十七歳の誕生日の少し前でしたが入党しました」（水上対談、八二頁）。共産党員上田建二郎の出発である。青年建二郎は、「まだ若い身でしたが、いわば弱者、底辺の立場から社会を見ようと志し」（一〇四頁）た。

建二郎は、四六年に旧制一高の理科に入学し、四九年四月に東京大学に入学した。当時の学制は現在と異なるが、旧制一高は今で言えば、東京大学教養学部である。学生数は、文化と理科各二〇〇人。三年制で全寮制であった。場所は当時から駒場で、向陵と言われていた。戦前には女性は大学に進学できなかった。「平常は構内への立ち入りさえ厳重に規制され女人禁制」であった（辻幸一『遙かなり向陵――敗戦前後の旧制一高と私の青春』ライフリサーチプレス、一九九九年、八一頁）。辻は帝人、蝶理に勤めた人で、この本には後述の高沢寅男のことが少し出てくる程度である。活動家だったから授業にまともに出席はしていないだろうが、学部は理学部だった。

共産党に入党した後の活動については、本人はどこでも語っていないようであるが、数年間は東大細胞（共産党の基礎組織。現在は支部と呼称している）の指導的な党員として活動した。一九六一年の第八回党大会を前に離党した安東仁兵衛が『戦後日本共産党私記』（文春文庫）で、不破にも触れている。

哲学者の梅本克己が教鞭を執っていた旧制水戸高校在学中の一九四八年一月に入党し、その四月に東大に移ってきた安東は、不破より三年年長で、上田耕一郎と同期である。上田も不破より先に旧制一高に入り、先に見たように入党していた。『戦後日本共産党私記』には、四八年に安東と上田の二人の新入生が細胞指導部であるLC（リーディング・コミティー）に選出された時の様子が描かれている。安東は、上田の「該博な知識」に舌を巻いている（二〇頁）。その後、「上田は結核を病んで東大細胞を離れ、中野区野方の居住細胞に属していたが、時折、学内に現れていた」ということである。

一九四八年六月に全学連が結成され、初代委員長には東大自治会委員長武井昭夫が就き、安東、上田兄弟も中央執行委員になった。

五〇年に開始された共産党内の分裂と分派闘争の展開のなかで、東大細胞は、徳田球一書記長の所感派と対立する、宮本顕治が主導する国際派の流れに与し、東大細胞の内部に「GP」（ドイツ語で秘密党の略）と隠語で秘匿された陰の指導部が組織された。不破は、その時、その最初の八人のメンバーの一人に加わっていた（安東の他に、戸塚秀夫、高沢寅男、佐藤経明などがいた。九三頁）。

五一年二月、東大細胞で「スパイ査問・リンチ事件」が発生した。安東は、自分も参加したこの出来事に一章をさいて経過を詳細に明らかにし、その意味をえぐりだしている。スパイ容疑を掛けられたのは、前記の戸塚、不破、高沢の三人であった。容疑を掛けた急先鋒は、戸塚、不破に私怨を抱いていた武井であった。三人はスパイと認定されたが、ほどなくその認定は誤っていたことが明らかになり、彼らは活動に復帰した（安東はその時期がいつかは「失念」したとしている）。武井によって殴りとばされた不破も戸塚も、頑強にその容疑を否定しつづけた。安東はその場の状況を「ワァーッと恐怖と驚愕が私の全身を硬直させた——小便がもれるほどの衝撃」（二四八頁）と率直に直視している。不破が監禁されて連絡が途絶えたために、上田が細胞のアジトを訪ねて「建坊の身辺に不測の何かが起こったのではないか」と、安東に問いかけたが、安東は何も答えられなかった。

この出来事について、復党しないで五三年に左派社会党に入党した高沢は、九六年に論文「東大学生細胞の闘い」で記している。「武井君も含めて、高沢がスパイだと思うものはいなかったようである。私は誰からも暴力を振るわれることもなく三畳間の下宿に蟄居」させられた。高沢は、「約二ヶ月にわたる全細胞あげての査問活動」と書いている（『カオスとロゴス』第四号＝一九九六年二月、追悼集『高沢寅男のあゆみ』二〇〇〇年、に収録、三六頁）。

不破が入党推薦者の一人であった、今はわだつみ会の理事長を務めている経済学者の岡田裕之は、「上田（不破）は数学物理の桁違いの秀才」で、「彼の疲れをしらぬ熱心な組織活動力には感心せざるをえなかった。……彼は当初からパルタイ〔党〕の人であった」（『我らの時代――メモワール』時潮社、三二頁）と書いている。「戸塚は細胞キャップ、上田（不破）は副キャップの位置にあり、方針提示の演説といい、戦略設定の説得力といい堂々たるものであった」（三七頁）という。

このように、不破は、東大細胞において指導部の一員として積極的に活動した。

今では想像もつかないが、四八年春に東大の合格者が発表された時には、「張り出された合格者名簿の傍に、東大細胞転籍者の連絡場所（学内の喫茶店）が記してあ」った（安東著作、一二頁）。また、警官が構内に入るだけで大問題となった（一九五二年のポポロ事件）。商業新聞でも五〇年分裂が大きく話題となっていた。例えば、志賀・宮本派に組みした東大細胞を、徳田派が解散した時には、「朝日新聞」は「共産党、東大細胞を解散　『志賀派を支持』」なる三段見出しの記事で報道した（五月九日付。高沢追悼集、四一頁に写真）。

鉄鋼労連書記、構造改革派から宮本主流派へ

一九五三年三月に東大を卒業した不破は、すぐに鉄鋼労連（日本鉄鋼産業労働組合連合会）本部書記に就職する。ここで、不破は共産党中央委員会に勤務するまで一一年間勤めるが、本人は「調査関係の仕事」をしていたと語るだけである。当時の不破を知る、幹部会員だった鈴木市蔵（参議院議員。六四年に除名され、日本のこえ派となる）は、「不破は一を聞いて十を知る切れ者だった」と、私に語ったことがあった。この時期は、共産党の歴史でいえば、五〇年分裂、五五年六全協、五八年第七回党大会、六一年第八回党大会と続く激動の時代である。『戦後日本共産党私記』によれば、不破は、国際派に属し、構造改革派に傾斜するが、第八回党大会では上田とともに宮本顕治のもとに共産党に残った。安東は次のように、不破の動向を紹介している。

「一九五二年の夏に国際派が解散して極左軍事方針が党是とされていた〃冬の時代〃に〔杉並区〕久我山の井汲卓一宅でひそかに何人かの国際派の残党が月に一回程度あつまって勉強会がおこなわれていた」（二八九頁）。上田兄弟もそのレギュラーであった。この井汲塾の討論を基礎にして、五三年には、すでに鉄鋼労連の書記に就職していた不破が、「民族民主革命」を『前衛』十月号に発表した（この時に不破のペンネームが初めて使われたらしい）。事実上、上田兄弟の

共著とも言える『戦後革命論争史』が五六年末に大月書店から発行されたのもこの流れのなかであった（下巻は翌年正月）。「現代マルクス主義」派と呼称されるこのグループは、構造改革派の知的ソースであり、その成果として五八年には全三巻の『現代マルクス主義』（大月書店）が発刊された。不破はその第三巻に「社会主義への民主主義的な道」を執筆した。この論文について、安東は、「七回大会直前に、この論文を手にしたよろこびは大きかった。私は彼と会い、『大会の討論はこの線で頑張る』と語り、彼は私の評価と感動に『ありがとう』と述べて、見開きのページに『贈　安東学兄　不破哲三』と署名してくれた」とさわやかに記している。

理論書ではなく体験談である安東のこの著作では、内容は簡単にしか紹介されていないが、不破は「社会主義への民主主義的な道」で、一九三〇年代のスペインとフランスでの人民戦線の経験、五六年のソ連邦共産党第二〇回党大会での「スターリン批判」を契機に開始された、イタリア、フランス、イギリス、アメリカの共産党における新しい理論動向をフォローしている。「労働者階級の国家権力の奪取とプロレタリア独裁の樹立」（二一三頁）という水準ではあるが、レーニンによる「ブルジョア国家機関の粉砕」という「命題の再検討を」（二〇〇頁）提起し、「地方自治」の重要な役割、天皇制や憲法の評価にも触れる、当時としては先端的な認識を開示するきわめて高い水準の論文であった。不破は、対米「従属問題の軽視」（二一四頁）についても明確に警戒を示していた。

この六一年の不破の選択・決断について、この時に離党した安東は当然にもなじっているし、周辺の人びとのなかでは「不破の変節」と非難する声も少なくないが、私は、不破の態度は正しかったと考える。安東は、不破の「自己批判」を問題にしている（二九〇頁）が、肝心の「自己批判」の中身についてはどこで何時なされたものかも含め一言も明らかにしていない。仮に、不破の主張のなかに対米従属問題が当初はなかったのに、見解を変えたとでも言うのなら、「変節」かもしれないが、すでに見たように不破は初めからこの問題についても見落としていたわけではない。「社会主義革命への連続性」の問題については、宮本もそこを否認していたわけではない。組織建設にとっては、綱領はもちろん核心をなしているが、生身の人間の結集体として存在する以上、理論的な内実だけではない、人柄や政治的手腕も決定的に作用するのであり、「当初からパルタイの人」であった不破が、内藤知周らではなく、宮本を自らの指導者として選択したのは当然であった。なぜなら、前衛党の組織者として宮本は抜群の資質を体現していたからである。このことは、当の安東自身がくりかえし確認している。

安東はきわめてはっきりと宮本に対する信頼と共感を表明している。五六年十一月に豊多摩刑務所に下獄し、顕治と百合子の『十二年の手紙』を読んで深く感動した安東は、「宮本崇拝は一段と強められずにはおかなかった」（二六一頁）と書き、「私は、この日本共産党を再建できるリーダーは宮本を措いて他には求めるべくもないと確信していた」（二六〇頁）とまで記している。そして、五八年の第七回党大会での自身の発言についても「私が主張したかったことは、五〇年問題を通じて正しかったのは宮本の立場であったということである」（三一九頁）と要約している。

この大会の決着の付け方――「党章草案の採決を求めない」――についても、「私は改めて宮本は立派だと感じ入った」（一四九頁）と率直に評している。五〇年分裂について、宮本自身は後に第七回党「大会は、苦悩し失望して党を去った人びとへの復帰を求める心からの呼びかけを発表した。多くの人びとが党の戦列に復帰したが、それにいたらなかった人びとに対しても、それを誰も責めることはできないだろう」と述懐している（『わが文学運動論』二五四頁）。ここには、組織者としての高い資質が示されている。

ついでながら、先回りすることになるが、宮本と政治的に対立したのは、この構造改革派に限らず、ソ連派、中国派と少なくないし、人名をあげようと思えばいくらでも書き連ねることはできるが、それらの誰ひとりとして、共産党と比較できるほどの組織を作り上げたものはいない。この事実が何を意味するのかについて目をそらすことなく考えなければならない。

時期がどのように重なるのかは分からないが、鉄鋼労連勤務の時代には、推理小説を乱読したと、水上勉との対談では話を合わせている。貸本屋で借りて、松本清張や「早川書房のポケット・ミステリ・ブックで、欧米の作家では……目につくあらゆる作家の作品を片端から読んだ」という（九四頁）。不破は、水上と清張とについて、同じ社会派でも人物と事件の描き方が異なると見分けている。

また、この時期、結婚六年目の五九年に娘を得た。

六〇年安保闘争の後は、国際的には中ソ対立・論争が顕在化するなかで、六〇年代の共産党は、六三年から六四年にソ連、六六年から六七年に中国による理不尽で重大な干渉を受け、党内からソ連派、中国派が発生し、それらへの批判に多くのエネルギーを割かざる得なかった。

「共産党のプリンス」へ

一九六四年三月に、不破は共産党中央委員会勤務となった。『一滴の力水』では「最初は、ソ連や中国との論争論文を書くのが最大の仕事でした」（一二九頁）と語っている。

この年十一月の第九回党大会で中央委員候補となり、六六年の第一〇回党大会で中央委員に選出され、七〇年の第一一回党大会で新設された書記局長に弱冠四〇歳で抜擢された。選挙のたびに躍進し「倍々ゲーム」と言われた党勢の成長期・七〇年代には「共産党のプリンス」として脚光を浴びた。

不破は、六九年の総選挙で東京六区（江東、墨田、荒川の三つの区）から立候補して初当選し、以後今日まで連続一一期当選している。今年二月に当期限りで議員は引退すると発表した。この立候補に当たって、多摩地域のひばりが丘団地から墨田区向島にある党の寮に移転した。不破は、それまでは「あちこちのアパートをほぼ二年単位で転々とし」ていたと語っている。

不破が書記局長になった一九七〇年以降は、不破の歩みというよりは、共産党の歴史ということになるが、簡単に年表風に概観しておこう。

一九六〇年代最後　党員：二八万人、「赤旗」読者：一七九万人　国会議員：二一人
一九七〇年　第一一回党大会　発達した資本主義国での革命の追求
一九七二年　新日和見主義分派問題
一九七三年　第一二回党大会　民主連合政府綱領の提起
一九七四年　教師＝聖職論、公務員＝全体の奉仕者論の提起
一九七六年　第一三回臨時党大会　綱領から「プロレタリアート執権」の削除
「マルクス・レーニン主義」を「科学的社会主義」に変更　自由と民主主義の宣言
一九七六年　ロッキード疑惑後の総選挙での議席半減の大後退
一九七七年　第一四回党大会　「社会主義生成期」論を提起
一九七八年　不破：組織論をめぐって田口富久治と論争
一九八〇年　第一五回党大会
党員：四四万人、「赤旗」読者：三五五万人　国会議員：五七人
一九八〇年代　党勢後退
一九八二年　不破：「スターリンと大国主義」連載
一九八五年　第一七回党大会　綱領から「資本主義の全般的危機」を削除
一九八七年　第一八回党大会　ペレストロイカの「新しい思考」への批判

一九八九年　ベルリンの壁の崩壊
一九九一年　ソ連邦の崩壊　「歴史的巨悪の党の終焉を歓迎する」と評価
一九九三年　総選挙で自民党敗退、細川連立政権
一九九四年　第二〇回党大会　綱領部分改定　ソ連＝覇権主義批判の強調
一九九七年　第二一回党大会　無党派との共同を提起　宮本議長引退
　　　　　不破：「レーニンと『資本論』」連載開始
二〇〇〇年　第二二回党大会　不破議長に
二〇〇三年　党員：四〇万人余、「赤旗」読者：二〇〇万人近い　国会議員：四〇人

不破の身辺にもどると、八〇年代に五〇歳をすぎた不破は、山登りに挑戦するようになり、南アルプスの全山を踏破するなど、その傾倒ぶりも並ではない。八六年末に丹沢の山裾、神奈川県津久井町青根に半丸太の2DK「丹沢・青根山荘」を建て、仕事の場としている。翌年の四月に心筋梗塞となり、委員長を降りた時期にはそこで療養もした。

「もっとも愛着の深い本」と「あとがき」に記されている『回想の山道』（山と渓谷社）、『私の南アルプス』（同）に、数葉のカラー写真入りで楽しげに登山記がまとめられている。娘やその夫も同行することが度たびあるようである。丹沢の山荘の近隣の人たちとの心の通ったつきあいなど、人間不破の人柄を窺い知ることができる。また、ある時は、「やぶこぎ〔藪漕ぎ〕でけも

のみちに迷い込んで」、山荘の近くの人たちが救出に来ることになった。「暗闇のなかでは頭を使うほかにすることがなく、国際問題で予定していた論文の構想をあれこれと考え、翌日から論文の執筆にとりかかれた」(『回想の山道』四七頁)という。不破ならではのありそうなエピソードである。執筆について言えば、悪筆の不破は早くからワープロを取り入れ、列車の移動のなかでもキーを叩いていることで有名だが、書く機能だけを必要とする不破は、パソコン時代になっても転換することなく古いワープロを使用しているらしい。

また、各地方の土人形を集めるのも趣味で、そのコレクションの中には明治天皇の人形もあることに、井上ひさしが驚いている(井上共著、一九頁)。

心筋梗塞を登山が作用した身体の健強を基礎に風船療法で克服した不破は、八八年には副委員長として外遊(後述)をこなし、八九年六月の中央委員会総会で再び委員長に復帰した。

九八年には、メガネのベスト・ドレッサー賞と新語・流行語大賞に選ばれたりもしている。流行語のほうは「日本共産党の〔この年の参議院選挙での〕躍進を外国のメディアが報道するさいに使った『スマイリング・コミュニスト』という言葉」であった(同、三九頁)。

不破は、大会、中央委員会の諸報告や政策・方針などを精力的に執筆し、八〇年代に三〇冊以上、九〇年代にも四〇冊近くの著作を多産し、総計百冊以上を数える。八歳で小説を書いた神童は、〈書くこと〉を運命としているかのようである。

外国の共産党との、相手国を訪問しての交渉では、一九六六年の中国、ベトナム、朝鮮民主主義人民共和国の三カ国訪問（団長・宮本）を皮切りに、六八年に北コリア、七三年にフランス、七四年にベトナム、七七年にイタリア、八四年にイタリア（ベルリングエル書記長の葬儀）、同年にベトナム、カンボジア、同年にキューバ、ニカラグア、メキシコ、八六年にソ連邦のゴルバチョフ書記長と会談、八八年にインド、デンマーク、ソ連邦（ゴルバチョフ書記長と会談）、九八年に中国の江沢民主席と会談（両国共産党の和解）、二〇〇二年に中国の社会科学院で学術講演、など精力的に活動してきた。この七月にもチュニジアの政権党・立憲民主連合から招かれて、党大会に出席した。

党のトップへ――「無党派との共同」を強調

このように不破は、六一年に上田とともに宮本顕治のもとに結集していらい、つまずくことなく一貫して宮本を支える理論的柱として活動してきた。逆に言えば、宮本が不動のトップとして一貫して共産党を主導してきた。

ただ一度、今日でもなおその真相が分からない一幕があった。

八三年七月に、不破が上田とともに理論政治誌『前衛』に自己批判論文を発表したのである。五六年末に発行し、すでに六四年に絶版措置が取られていた『戦後革命論争史』について、不破は、「『論争史』の出版の最大の、決定的な誤りは、党内問題を党外の出版物で論じるという、事柄の根本そのものにあった」と自己批判した。委員長と副委員長がすでに時効となっていると思われていた古傷をわざわざ寝た子を起こすように自己批判した。なぜそこまでする必要があったのか。この半年前八二年末に『日本共産党の六十年』が発行され、それとの関係で自己批判が必要となったと説明されたが、内容は何かは説明されなかった。当時、宮本が日本はこれでいいのか市民連合とその代表である小田実への批判を強調し、逆に上田が『文化評論』（九三年に廃刊）誌上で小田と対談していた。恐らく、この自己批判は、党外の市民運動にたいする評価をめぐって宮本の排他的路線を貫徹するところに、その狙いがあったと推測できる。

さらに、八七年四月に不破は心筋梗塞で倒れ、副委員長の村上弘が委員長代行となり、同年十一月の第一八回党大会で、村上が委員長になり、不破は副委員長に引いた時期があった。前述したように、不破は病いも癒えて八九年六月に委員長に復帰した。

この不破・上田「自己批判」と村上委員長就任とは、連動した一つの事態で、不破・上田のいわば構造改革路線を嫌う傾向による巻き返しという見方もあるが、真相は定かではない。この二つの出来事の間には、八五年の第一七回党大会があり、この大会では上田・不破の主導によってスターリンいらい、コミンテルン世界での情勢分析の基軸をなす「資本主義の全般的危機」規定を削除する、綱領の部分改定が決定され、労働運動からの代議員発言が目立ち、上田は「大会の圧巻でした」と絶賛していたからである。当時は不破が労働運動関係の発言を強めていた（その現れが不破『経営での活動と党建設』の刊行である。経営とは企業あるいは職場という意味である)。

八三年の自己批判でお灸を据えたのに、上田・不破が、コミンテルンいらいの情勢認識の伝統的基軸とされてきた「資本主義の全般的危機」を捨て、労働運動にまで指導権を確保しようとしたので、そのカウンターが起きたのかも知れない。

八〇年代後半は、労働戦線において、総評に代わって連合が登場する時期であり、共産党は統一労組懇への結集を方針としていた。八八年七月に総評は大会で連合への合流を決定し、連合は八九年十一月に発足した。同じ日に統一労組懇は全労連へと衣替えした。統一労組懇の独自的強化を進めるためには、統一戦線志向が相対的に強い不破（・上田）は不都合だったのかもしれない。ともかく、この時期に労働組合出身の村上が委員長に就任したことは、労働運動の路線をめぐる何らかの違いが絡んでいたようである。

村上委員長は、就任あいさつで「体力に自信がある」と発言したくらいであり、演説も苦手で記者会見も不破のようにスムーズにこなせるわけではなく、サポートする書記局メンバーも苦労したと言われている。何とも不向きな人事であり、身体には自信があったはずなのに、病気を理由に引退した。いずれにしても、不破に代わる人物はいなかったと言える。

宮本は、一九九四年の第二〇回党大会ではすでに八五歳になり病気で大会を欠席したが、なお議長には選出された。宮本が現職を引いて名誉議長となったのは、次の九七年の第二一回党大会においてであった。この時は議長は空席のまま不破が委員長となった。こうして不破は初めて、宮本から「解放」されて党のトップに位置することになった。この大会では「無党派との共同」が強調され、一四年前の「自己批判」と平行して強調されていた「市民主義」批判とは逆の方向を確定することになった。さらに二〇〇〇年の第二二回党大会で不破が議長となった（名誉議長は廃止され、宮本も名誉役員として横並びとなった）。

理論的守備範囲とその特徴

以上、不破の歩みをたどってきたが、不破はどのような人物で、何を自らの課題としてこの半世紀を生きてきたのであろうか。

不破は抜群に記憶力が優れている。冒頭にみた小学校三年生の時の紹介文にもそう記されていた。水上勉との対談でも自分が読んだ作品や作家の名が次つぎにあげられているし、講演や演説においてもいかんなく発揮されている。そして、その整理能力もきわめて高い。選挙の演説で街頭を移動している合間でも、原稿の推敲と校正をこなしてしまう。周りのスタッフに助けられることもあるだろうが、そうでなければ百冊もの著作を生み出すことはできない。ただ、多作である割には、文章に艶がなく、無味乾燥な感じが強く人間味が少ない。真似したくなるような文章に出会ったことがない。また、これほど多産であるにもかかわらず、概念にせよ、形容句にせよ自分で造語することはない。創造性に欠けるからである。トロツキーがどこかで、物事を深く把握している人は巧みな比喩を駆使するが、スターリンの文章には比喩が少ないとからかったことがあったが、不破の文章にも比喩はきわめて少ない。

この抜群の記憶力と整理能力は選挙演説でも活かされている。応援演説では必ずその地元にとって必要な事実や数字を巧みに織り交ぜる。この手法は、ソ連共産党に内通していたことが露見して、一九九二年に百歳になって除名された野坂参三元議長（翌年に死亡）が伝授したもので、七〇年代に首相を務めた自民党の田中角栄との対抗のなかで身につけたものである（人名・顔と数字についての田中の記憶力が抜群であることも有名である）。この点では他の人びとの追随を許さない水準であり、この類いまれな能力も、不破が三〇年以上にわたってその地位を保持することができた一因であろう。

政治的権力意欲が非常に低いことも不破の性格の特徴である。不破を知る新聞記者などが異口同音に淡泊な人だと評している。金銭や名誉への欲望に支配されている永田町には珍しい人種であるらしい。政治家であるというよりは理論家であると本人も望み、かつそう思っているのではないだろうか。実際、学識の高さが必ずしも政治家の要件ではないが、日本の政治家のなかで、不破ほどの学識のある人物はいないだろう。

不破の理論的守備範囲について見ておくと、大会報告などでの情勢分析を初めとして、そのときどきに共産党が必要としている理論的課題をこなすという性格が強い。哲学とか歴史学とか何かの領域を専攻して業績を重ねているというわけではない。「科学的社会主義」や「史的唯物論」

の基礎の解説や、綱領についての解説が多い。宮本顕治のよき伴侶だった作家の宮本百合子について書いたりもしている。二〇〇一年末に小学館から『歴史教科書と日本の戦争』を出しているのは注意を引くが、この著作は不破のホームページで紹介されていない。不破が新日本出版社以外から著作を出すのは例外的であり、右派的傾向の主張が満載されている『週刊ポスト』や『サピオ』を刊行している小学館からこの著作が刊行されたのは注目に値するが、共産党内ではその意味もつかめないようである。

それはさておき、数多の著作のなかで『エンゲルスと「資本論」』『レーニンと「資本論」』『マルクスと「資本論」』が目を引く。『レーニンと「資本論」』は全七巻の大作であり、『レーニンとロシア革命』としてもおかしくはなく、なぜこの標題なのか不思議なのであるが、不破の問題意識の方向が『資本論』へと傾いていることを示している。逆に、彼が向かわないのが法学である。この傾向こそ、正統派マルクス主義に染みついた母斑である。

これらの理論書での不破の特徴は、研究対象と自分だけが存在しているかのようなスタイルを一貫しているところにある。もちろん不勉強というのではなく、どの課題についても大量の著作を読破しているに違いないが、先行する研究に言及し学ぶことがほとんどない。

不破はまた、攻勢的に物事を考え、処理することは少なく、何かを切り開くのではなくて整理するのがうまい。対立を激化させて相手をねじ伏せて事態を切り開くことはしない（七八年の田口富久治への批判だけは例外である）。いわば戦時ではなく、平時にフィットする理論家である。

不破は、党内闘争の修羅場で反対派の矢面に立つこともなく、何かの大衆運動で指導的采配を振るったこともない。党内対立や論争や分派闘争で、重大な決断を下すのは宮本であり、不破はその決断に従ってその決断の正当性を理論的に論証したり例証したりして支えるだけである。安東仁兵衛は、私に「不破は宮顕の御祐筆なのだ」と軽蔑的に評したことがあった。第八回党大会への過程で構造改革派に組みすることなく、宮本に与した最初の選択以外には、政治的岐路と決断はなかったと言ってよいであろう。その意味でいわば徹底した主流派の理論家であった。

だから、宮本には数多の敵がそこここで敗北の恨みを抱き、泣き言と怨嗟の声を漏らしているが、不破にはそのような敵や非難はほとんどない。信望が高いかと訊ければ、そうとは言えないであろうが、恨みを根に持つ敵がいないことも長所には違いない。実兄の上田と妻による守りも不破を救っている。マスコミなどでは時に宮本派なるものがうわさされることがあるが、自民党の派閥や社会党の人脈政治は、共産党にはない。まして不破はそういうことは苦手であり無関係である。

人間は誰でも自らが生まれ、置かれた時代の枠に縛られている。こんなことは歴史と人間についていくらかでも思索を深めた人なら誰でも気づくし、書いているだろうが、マルクスも「人間は、自分で自分の歴史をつくる。しかし、人間は自由自在に、自分でかってに選んだ事情のもとで歴史をつくるのではなく、あるがままの、与えられた、過去からうけついだ事情のもとでつくるのである」と書いていた（『ルイ・ボナパルトのブリューメル十八日』岩波文庫、一七頁）。では、不破はどのような時代的制約のなかで、共産党の指導者になっていたのであろうか。一言でいえば、〈マルクス・レーニン主義の世界からの脱却〉が不破に背負わされた運命だったのである。

ロシア革命の五年後、一九二二年にコミンテルン日本支部として誕生した共産党は、一心同体の深さでコミンテルンの刻印を刻まれていた。コミンテルンの旗印は、レーニン死後は「マルクス・レーニン主義」であった。宮本は、この歴史的制約を、ソ連邦や中国などからの「自主独立」という形ではねのけようとした。先に野坂の除名に触れたが、九二年になってなおこのようなある意味では非情な措置が必要であるところにその深さを実感できる。宮本がいわば命を賭けて「自主独立」を強調したのは、この歴史の死重のゆえである。だから、宮本は、九一年八月のソ連邦共産党の解体に直面して、「歴史的巨悪の党の終焉をもろ手をあげて歓迎する」と言えたのであり、「腰を抜かすな」と号令を発することができた。だが、すでに八〇歳を超えた宮本には、ソ連邦崩壊の思想的意味を理論的に分析し解明する能力は残っていなかった。それを果たすのが不破の役目なのである。

こうして、九七年に名実ともに共産党のトップに立った不破は、この年から雑誌『経済』で「レーニンと『資本論』」なるタイトルで三年七カ月の長期連載に挑戦することになった。不破は、レーニンの「荒れ」を発見し、誤りを指摘するようになった。そして、二〇〇〇年の正月に不破は、「赤旗」で「レーニンはどこで道を踏み誤ったのか」とまで主張した。びっくりした週刊誌『アエラ』が不破へのインタビューの形をとり「不破氏の今どきレーニン批判」なる記事を書き、その最後で「レーニン批判は、宮本顕治名誉議長にも報告したのですか」と質問したら、不破はにべもなく「もう引いた人ですから」と吐き捨てるかのように答えた（二〇〇〇年一月三一日号）。この大冊については、やや詳しく別稿で検討するが、不破は、「多数者革命」と「市場経済」の活用を強調している。「多数者革命」論についての論述では、すでに紹介した一九五八年の『現代マルクス主義』第三巻の論文がその起点であることを〈暗示〉しており、不破が宮本から独立して思考し歩んできたことを記録するものとなっている。

さらに、今年六月には、十一月に開催する第二三回党大会にむけて綱領の改定に踏み出した（本書第二部、参照）。

社会主義へ討論の文化を！

私が本稿で「不破哲三の歩み」を明らかにしたのは、日本共産党への批判をより確かなものにしたいからである。どのような批判を加えるにせよ、相手を正面から理解しようとする努力を欠いて、自分だけの物差しでここが誤っているとか、あそこは足りないと主張しても大した意味はないと悟るだけの年齢と経験を私も積んできたからである。冒頭で活用した水上勉との対談が発行されたのが二〇〇〇年であり、それなしには不破の少年時代を知ることはできず、その意味では時を得た試みと言えるだろう。

本稿はそのテーマゆえに、執筆している私が何者かについては触れなかったが、私は、不破よりも一三歳年下である。不破と私とでは戦争体験の有無という点で決定的に異なるが、私が政治的に目覚めた以降のこの半世紀近くは「同じ時代を生きて」いることになる。ただし、住む世界がいささか隔てられてもいた。私は、一九六〇年に一七歳で、地方――偶然にも田中角栄の地盤である新潟県長岡市――の高校生として安保闘争のデモに参加し、いらい新左翼の労働者活動家として生きてきたからである。不破を批判対象にして小論を書いたのは、第四インターに在籍していた七八年に前記の不破・田口論争についてが初めてであった*。この年の春に、私は〈日本共産党との対話〉を開始した。それから四半世紀、私は期待と批判の複眼をもって共産党を注視してきた。各種の選挙では例外なく共産党の候補者に投票してきた。

本稿で明らかにしたように、不破は日本共産党を背負い、数多の理論書を著わし、大きな影響力を発揮している。他方、私は今は所属する党もなく、一個人として社会主義をめざして活動しているにすぎない。社会主義理論家と自称することは許されるであろうが、組織的な認識が痛切に求められているのに、その条件も欠き、フォローしている守備範囲はきわめて狭い。しかし、トロツキズムの洗礼を受け、新左翼運動に関与してきたことはなにがしかのプラスにつながっているであろう。その意味で、正統派の不破の実績――共産党の歴史と私のつたない歩みとを重ね合わせることにもそれなりの意味はあるに違いない。私が感じる疑問や主張している論点は、正統派の道を歩んできた不破が遮断し、見落としてきた世界と視点から発している場合もあり、歴史的根拠を有していると言ってもあながち不遜ではない。社会主義への人間の努力が多様なあり方を含みうるものならば、それらの批判をけっしておろそかに切り捨ててよいとは思えない。逆に、異端であることにある種の前衛性を感じることさえあった幼弱な新左翼運動の担い手にとっては、正統派が創り上げてきた運動と理論に体現されている積極的な内実を虚心に認め、吸収することこそが活路であるとも言える。

閉塞感だけが深まっているかに見える二一世紀の初頭にあって、社会主義に向けてのさまざまな潮流、傾向が連帯し、合流することこそが切実に希求されている、と私は確信している。その理論的対話の契機となり、突破口を切り拓くことができれば、本書の意図は果たされることになる。

社会主義へ討論の文化を！

〈追記〉

偶然にも、本稿に登場する学生運動がらみの人たちには、私は何らかの面識がある。安東仁兵衛のように、梅本克己著作集（三一書房）刊行のさいに出会い、彼が主宰する『現代の理論』にも何回か寄稿した関係から、社会主義経済学会（今は比較経済体制学会と改称）で同席し簡単な挨拶を交わすだけの岡田裕之、佐藤経明（学会の名称変更の急先鋒だった）まで、濃淡はさまざまである。戸塚秀夫には私が東大の事務職員だったころ、よく社会科学研究所の彼の部屋に機関紙などを押し売りにいった。高沢寅男には私が発行している『カオスとロゴス』の会の代表になってもらったことがある。上田耕一郎には高沢の追悼集会で二度目の短い会話を交わした。他にも、つきあいが生じた人たちが、安東の『私記』には登場する。最晩年にオルタ・フォーラムQの共同代表になった山川暁夫（山田昭）、田中雄三、柴山健太郎、犬丸義一などである。

また、宮本は、八〇年代の何時だったかの赤旗まつりの折りに、記者が「村岡到」と口にしたら、「あのトロツキスト上がりか」と言ったことがあった（『アエラ』？に記事が掲載された）。

脱稿後に、三輪隆から、不破哲三が一九五九年に「日本の憲法と革命」と題する論文を『現代の理論』の創刊号に発表していたと教えられ、そのコピーをいただいた。不破は「はじめに」の冒頭でレーニンの周知の「プロレタリアートの革命的独裁」についての文言を引いたうえで、「だが、今日では憲法にたいするマルクス主義者の態度はずいぶんことなっている」と確認することを出発点にして論じ、その「結びにかえて」で、「以上、現在の憲法のもとで、労働者階級が合憲的な手段で社会主義へ移行する可能性をもっていることを分析してきた」（三七頁）と明記している。「民族的＝民主的段階」と「社会主義的変革の段階」は「決して万里の長城できりはなされるものではなく、革命の単一の連鎖の二つの環であって、現実の革命過程ではたがいにからみあい浸透しあって発展するものである」とも書いている（二五頁）。きわめて質の高い論文であるが、不破はその存在すら触れようとはしていない。充分に検討すべきである。

第一部

不破哲三が切り拓いた理論的地平の検討

Ⅰ　『レーニンと「資本論」』は何を明らかにしたか

日本共産党議長不破哲三が著わした『レーニンと「資本論」』全七巻（以下、大冊と略）を読了した。この大冊は、不破が一九九七年十月から二〇〇一年四月まで三年七カ月の長期にわたって雑誌『経済』に連載した論文を九八年から三年近くかけて刊行したもので、総頁三〇九一頁（プラス索引一〇五頁）にも及ぶ労作である。多岐にわたる内容については各巻の主題だけを後に紹介するが、まず総評を一言でいえば、この大冊が刊行されたことは、日本で社会主義をめざす人間にとっては、誇りとすべき壮挙である。ただ、その著者が共産党議長であることに、私は不幸を感じる。もっと正確に言えば、本書に比肩しうる著作がほとんど不在の状況のなかでと言葉を加える必要がある。レーニンの理論についてのこれだけのいわば通史は、日本の研究者によっては書かれたことがない。党の幹部でも在野の研究者でもよいが、類似の研究書がそれなりに産出されているなかで、党首もまた一書を世に問うというのなら、別に問題はない。だが、この大冊だけが隔絶していることが不幸なのである。それに政党の党首には、大学の経済学部長や社会科学研究所の所長とは異なるもっと別の任務と課題があるのではないであろうか、と考えるからである。

まず、各巻の主題を見ておこう。第一巻・市場理論とロシア資本主義、第二巻・一九〇五年革命前後、第三巻・マルクス主義、第四巻・戦争と帝国主義、第五巻・一九一七年『国家と革命』、第六巻・干渉戦争の時代、第七巻・最後の三年間、である。見てのとおり年代順にレーニンの理論活動をその時期の主要な内容に応じて主題とする論立てとなっている。どの主題についてもまともに論じるとなれば、それぞれに一書を必要とする大きな問題であり、とてもこの小論で充分に論評できるものではない。

そこで、本稿では、以下の五つの視点から論評することにする。

第一に、この大冊についてのさまざまな角度からの特徴点を指摘することをとおして、問題点を浮かび上がらせる。

第二に、私たちが共通認識にしたほうがよい論点と解明は何か。

第三に、不破が欠落させている問題は何か。

第四に、不破は主要には何を明らかにしたのか。

最後に、私たちの共通の課題はどこにあるのか。

一　いくつかの特徴的ポイント

ここでは、さまざまなことをアトランダムに指摘することになるが、不破の問題点をえぐることにもなるし、本書を読む私の姿勢を明らかにすることにもなる。

この大冊で、もっとも印象的なところはどこか。もちろん、人それぞれであろうが、私にとっては、最終巻の結論部分でレーニンの死後を説くくだりで、不破が「レーニンが去ったあとの党中央に、レーニンの考えを全面的に理解し、それを受けつぎうる人物が一人もいなかった」(⑦四一七頁)と書いているところであった。ここを書くときに、不破の脳裡に、このレーニンに自分を重ねる想念が浮かんだか否かは知るよしもないが、ここで問われている問題は深く重いはずである。不破はさらに、レーニンの遺書の扱いにも触れながら、「レーニンが不在だということになると、まったく何の意味ももたなくなってしまう」(⑦四三七頁)とつづけているが、共産党にとって理論とか綱領とかは何を意味し、どういう位置と機能を有しているのであろうか。逆に言えば、党のトップが負っている責任の大きさということになる。政権党であったソ連邦共産党とは比べものにはならない小さなレベルの話であるが、日本共産党の場合にも、一九六三年に、宮本顕治書記長が病気で不在になった時期に「重大な誤り」が生じることになった(『日本共産党の七十年』上、三二八―九頁)。現在の話をすれば、不破に不幸があったら、誰が新しい理論を提起するのだろうか、と問うとよい。高い理論水準を保持した集団的指導部の形成がいかに重要かを教えている。

病に倒れた後のレーニンの最後の闘いについて、不破が書いていないことを補足しておこう。ロバート・ダニエルズは『ロシア共産党党内闘争史』（現代思潮社）で、一九二三年一月にレーニンが口述筆記した論文「われわれは労農監督人民委員部をどう改組すべきか」を「プラウダ」（真実）に掲載する問題について、スターリンら政治局の多数派は六対二（トロツキーとカーメネフ）で印刷中止を採決しようとし、さらに政治局員ではないが採決に加わったクイビシェフが、レーニンのためにこの論文を掲載した「ニセの『プラウダ』を一部印刷しようなどと提案した」（一五三頁）と明らかにしている。結局はこの論文はすぐに掲載、発表されたのだが、こんな提案をする者が最高指導部のなかに存在していたとは驚くべき事実である。

もっとも感動的なところはどこか。本文ではなく、第二巻に付された山口富雄を相手にした「著者に聞く」のなかで、不破が「レーニンが、数少ない文献から科学的社会主義の真髄をつかむため、真剣勝負のような読み方をしているところに、胸をうたれます」（②四〇四頁）と語っているところである。レーニンがマルクスやエンゲルスの文献を学ぶ姿をさしているが、わが身に照らして、自責の念に駆られる。どんな剣豪にしても常時、真剣勝負しているわけではないであろうが、いくらかの書物を読み、思索する時間に恵まれている人間は、真剣に学び、語ることをこそ求められているはずである。先人に学ぶレーニンの徹底した姿勢は、「事実的な諸資料にたいする敬意をこめた取扱い」（④一〇四頁）と合わせて感動的である。

さすがに誤植にはほとんど気づかなかったが、人名「リーブマン」が「リープマン」（②一九四頁）になっている。ごく小さなミスではあるが、ここにはある傾向が反映しているがゆえに、取り上げるに値する。ベルギーの歴史家マルセル・リーブマンは『ロシア革命』（社会評論社）の著者として登場するのであるが、最初は正しく表記されていたのに、二度目に誤り、それに引きづられて索引もミスったのであろう。記憶力抜群で膨大な著作を読んでいるに違いない不破や新日本出版社の係にとって、ロシア革命についての、正統派以外の研究書が疎いものであることがついうっかり暴露されてしまったのである。もう一九年も前に、私は聴濤弘の『21世紀と社会主義』（新日本出版社）で「過渡期」が「過度期」と誤植されていることを、彼らの世界で「過渡期」が常識になっていないことの現れであると指摘したことがあった（『社会主義とは何か』稲妻社、一一六頁）。

この大冊には、理論的な関心の高い新左翼の活動家なら一度は読書する、I・ドイッチャー（『トロツキー伝』新潮社）、ロバート・ダニエルズ（『ロシア共産党党内闘争史』）、スティーヴン・コーエン（『ブハーリンとボリシェヴィキ革命』未来社）も一度も登場しない。渓内謙（『現代社会主義の省察』岩波書店）すら視野の外である。この視野狭窄の端的な事例を「リープマン」が示してくれたのである（わずかにE・H・カーだけは何回か引例されている）。プレオブラジェンスキーが、「ブレオブラジェンスキー」となっているのも、不破がトロツキーや左翼反対派の世界に疎

映画化「スパイ・ゾルゲ」で話題――ゾルゲとその時代を問う本

国際スパイ・ゾルゲの世界戦争と革命

●白井久也編著

激動の三〇年代を駆け抜けた「怪物」を描いた映画『スパイ・ゾルゲ』（篠田正浩監督）も公開。今、世界的に注目されているゾルゲとは？　新資料に基づく共同研究。

2月10日刊行／A5判並製／4300円＋税

［目次］より

ゾルゲの諜報活動と尾崎秀実の果たした役割　白井久也／尾崎秀実を軸としたゾルゲ事件と中共諜報団事件／渡部富哉／英警察、一九三〇年代に「ソ連スパイ」と断定　名越健郎／日本人にとって「昭和」はいかなる時代か　篠田正浩／ソ連指導部から見捨てられた諜報員の運命　トマロフスキー、ウラジミール・イワノビチ／発掘された未公開文書／ほか

ゾルゲはなぜ死刑にされたのか

「国際スパイ事件」の深層

●白井久也・小林峻一編　A5判／3800円＋税

米開戦の前夜、一九四一年一〇月にリヒアルト・ゾルゲ、尾崎秀実ら三五名がスパイとして一斉検挙された。四四年一一月七日、主犯格のゾルゲと尾崎は処刑される。ロシアで公開された新資料を駆使して、ゾルゲ事件の真相をえぐる二〇世紀のドキュメント。

◆リヒアルト・ゾルゲ
（一八九五―一九四四）
ドイツの新聞記者・共産主義者。第一次大戦に参加。一九年、ドイツ共産党に入党。二五年からモスクワで活動。三三年「フランクフルター・ツァイトゥング」記者として来日、日本で情報活動を組織する。四四年に死刑。

郵 便 は が き

料金受取人払

本郷局承認

2619

差出有効期間
2005年3月10日
まで

有効期間をすぎた
場合は、50円切手を
貼って下さい。

113-8790

（受取人）

東京都文京区
本郷2-3-10

社会評論社 行

ご氏名

（　　　）歳

ご住所

〒

ご職業または学校名

今回の購入書籍名

購入書店名　　　　所在地

本書をどのような方法でお知りになりましたか。

1. 新聞・雑誌広告を見て（新聞雑誌名　　　）
2. 書評を見て（掲載紙誌名　　　）
3. 書店の店頭で（書店名　　　）
4. 人の紹介で　　　5. その他

購読新聞・雑誌名

読者通信

本書への批判・感想、著者への質問などご自由にお書き下さい。

最新情報は、社会評論社のホームページで
☞ http://www.shahyo.com

小社刊行図書ですでにご購入されたものの書名をお書き下さい。

■購入申込書■

小社刊行図書をより早く、より確実にご入手するために、このハガキをご利用下さい。ご指定の書店に小社より送本いたします。

書名

定価　円（　）冊

ご氏名

ご住所

お電話

同書店所在地

ご指定書店名

取次店番線
この欄は小社で記入します。

い証拠でもある。当然にも彼の『新しい経済』（現代思潮社）は目に入っていない。不破は正直に自分は「学会の議論にはあまり明るくないので」（②三九七頁）と告白しているが、新左翼の活動家が読む類書についても視野の外というのではあまりに狭すぎるのではないか。

彼らの世界の特徴に触れたので、加えておくと、この大冊に新日本出版社の著作はどのくらい参考文献として役立っているであろうか。『資本論』などを別とすればたった一冊しかない。ジョン・リードの『世界を揺るがした十日間』だけである。いかに、この出版社が偏っていたかの証拠である。ロシア革命を研究するさいに、参考にすべき文献をほとんど出版していないのである。

出版社に関連していまひとつ。不破は、レーニンの『ブハーリン「過渡期の経済学」評注』を何回か取り上げ、当然ながら、ソ連邦では長く「禁断の書とされ」（③一三五頁）ていたブハーリンの『過渡期の経済学』にも触れているのだが、この二著の訳本（前者は公文俊平訳『ブハーリン「過渡期経済論」評註』対馬忠行解説）が現代思潮社（知らない人のために記すと、トロツキー選集などの版元）から出版されていたことには目をふさいでいる（ブハーリンの『世界経済と帝国主義』は現代思潮社刊と正記されている）。ブハーリンの『過渡期経済論』にふれたついでに言えば、そこには「銃殺にはじまり労働強制に終わるプロレタリア的強制のすべての形態は、いかに逆説的にきこえようとも、資本主義時代の人的素材から共産主義的人間を作り出す方法なのである」という、戦時共産主義の過酷な現実を反映した〝非人間な〟言葉も書かれてあり、そこにレーニンは欄外に三本線を引いたうえで「まさしく！」（六八頁）と同感を書き加えていたのである。彼ら二人だけではなく、同じ時期にトロツキーは、カウツキーの同名の著作を批判した『テロリズムと共産主義』で「内戦を人間性の学校だとは考えていない」（現代思潮社、九五頁）と、反革命にたいするテロリズムを推奨していた。スターリンもまた、政敵であるはずにもかかわらずトロツキーのこの著作については「高く評価した」ということである（上島武「書評・Z&R・メドベージェフ『知られざるスターリン』」『社会主義理論学会会報』第五三号）。これがロシア革命の苛烈な実態であったことも正視しなければならない。

また、大冊に不破は知らないだろうが、一人だけ日本のトロツキストが貢献している。山本統敏編『第二インターの革命論争』（不破は表示しないが、紀伊國屋書店）が資料として活用されているが、山本統敏とは最近は名前も聞かないが、第四インターの指導者酒井与七の本名である（④四一頁）。

小さなミスで大きな意味をもつ例をもう一つ。不破は「レビヤタンとは……『悪の象徴』として使われている言葉のようです」（④三四一頁）と書いているが、これには呆れた。博識と思われる不破が「リヴァイアサン」＝「巨大な怪物」を知らないとは。しかも、ここは国家論を扱ったところである。ホッブスの『リヴァイアサン』を思い出せなかったのだろうか。同名の雑誌も近年、発行されていた（木鐸社）。国家論といえば、マルクスとレーニンしか読まない視野の狭さがここにも顔を覗かせたのであろう。それにしても、大冊は雑誌に掲載してから単行本になったのであり、不破の周辺には注意する者がいないのだろうか。

やや些末なことに筆をすべらせてしまったが、この大冊の急所はどこにあるのだろうか。私は、第五巻の次の一句ではないかと考える。「民主的共和制がしかるべき評価を回復するには、一九三五年のコミンテルン第七回大会を待たなければなりませんでしたし、革命の議会的な道についてのマルクス、エンゲルスの理論がその真価を理解されるようになるには、それからさらに二〇年余の年月を必要としました」(⑤三四六頁)という一句である。この部分は、大冊の中心的問題である「多数者革命」を強調する脈絡なのであるが、ポイントは「二〇年余の年月」にある。全七巻を通読した者は、不破が「多数者革命」に関連して何回も一九六七年のいわゆる「四・二九論文」を先駆例として紹介していることに気づくであろう(②三六五頁、⑤五頁、⑤三九一頁)が、六七年は三五年から約三〇年後である。計算にも強い不破が引き算をまちがったのであろうか。

そうではない。三五年から二〇年余後に、何があったのか。実は、大冊には登場はしないが、不破は一九五八年に、まだ鉄鋼労連の書記をしていた時期、第七回大会の直前に「社会主義への民主主義的な道」なる論文を発表していた。この経過は別稿(「不破哲三の歩みと人間像」)を見てほしいが、当時、「現代マルクス主義派」と呼称されていた構造改革派の立場から書かれたこの論文で不破は、レーニンの『国家と革命』の問題点として、まさに大冊で強調している「粉砕された国家機構」の問題の「再検討を要求する」(『現代マルクス主義』3、大月書店、二〇〇頁)と問題提起していた! つまり、不破は論文を示すことはしないが、この問題について、最初に問題にしたのが誰なのか、別言すれば日本における「多数者革命」論の起点がここにあることを記録（暗示）しておきたかったのであろう。そのことが、なぜ〈急所〉と言うに値するのか。その意味はやがて明らかになるだろう。

最後に、残念ながら不正確というよりは意図的なあいまいさ、もっと言えばウソもある。不破は、第七巻の「まえがき」で「レーニンが指導にあたっていた時期と、スターリンがレーニンの敷いた軌道から決定的にはずれ〔た〕……時期とを区別することを、一貫して重視してきました」（⑦八頁）と書いている。いったい何時からこの区別をするようになったのか。「一貫」の起点は何時なのか明確にすべきである。引用の省略部分には「覇権主義と専制主義の社会」とあるが、これは一九九四年に、七七年に打ち出された「社会主義生成期論」を廃棄した第二〇回党大会で初めて採用した「覇権主義と官僚主義・専制主義」をさらに縮めた言葉ではないか。何時からかは明示しないで「一貫して重視」と書くのは、不破が今では蔑んでいるソ連邦の歴史学のスタイルと五十歩百歩ではないか。

二　共通認識にすべき論点

次に、この大冊で不破が明らかにしたことで、私たちが共通認識にしたほうがよい重要な問題が少なくない。トロツキズムの洗礼を受けている人間にとっては何をいまさらと、その遅れに失笑をもらすほかないこともあるが、新たに学ぶこともある。

［1］トロツキーの位置と役割を正視

なによりも有益な認識は、不破がロシア革命におけるトロツキーの役割と位置をかなり正確に明らかにしたことである。今では想像もできないが、一九五〇年代にはトロツキーの著作を共産党員が読むことは楽ではなかった。禁書扱いだったからである。こっそり読んで押し入れの奥に隠す必要があった。何しろトロツキーは「反革命」の元凶とされていたからである。だから寿司屋でのマグロのトロの意味ではなく、「トロ」は裏切り者を指す隠語として暗い響きをともなって大きな威力を発揮していた。それはさておき、不破は、トロツキーが一九一七年五月にロシアに帰国しレーニンと合流したことも、ペトログラード・ソビエト議長になったことも、十月の蜂起で指導的役割を果たしたことも（逆にこの件ではスターリンが重大な歴史の偽造を犯していたことも）、レーニンがその最後の闘いで民族問題についてスターリンを批判する手紙をトロツキーに託したことも、十分な意義を与えてかどうかは別として、正視し記述している。

これらの事実こそ、少なくない青年がトロツキズムに青春を賭けようと選択したさいに大きなバネとして働いた、革命史の真実だった。歴史に「もし」の仮定は許されないといいながら不破自身も別な場面では「もし」を語っているが、本当に「もし」これらの事実を日本共産党が一九五〇年代（六〇年代でもよいが）に明らかにしていれば、新左翼が登場することはなかったであろう。不破は第五巻では、「スターリンによる十月革命史の変造」（⑤二〇四頁）に四頁余を当て、山口富雄と庄子正二郎を相手に「その意味でスターリン体制というのは、虚構のうえに組みあげられた体制だったともいえる」（⑤四一五頁）とまで語っている（だが、「スターリン主義」とは口が裂けても言わない）。ソ連邦の崩壊がこのような言い方を可能としたのであるが、トロツキストにとっては初めからはっきりしていたのである。そして、そのことを批判したことが、「トロツキスト」「反革命」の罪状とされて断罪されたのであり、断罪したのは誰だったのか。

多くのトロツキストも知らないであろう、彼らが嬉しくなる情報もある。レーニンは、トロツキーが一九一五年に書いた小冊子『民族と経済』を「満足をもって読んだ」（④一〇一頁）とノートに記していた。

〔2〕一九二二年のレーニンの転換

第二に、不破は、「一九二二年のレーニンの転換」を非常に重大なものだと強調する。これが第七巻の主題である。不破は、この〈二二年の転換〉について、①「国際情勢の変化」、②「多数者革命」、③革命政府の「外交政策」、④「スターリンの大国主義」をも視野に入れて総体的に明らかにしようとしている（⑦五頁）。〈転換〉の核心は、不破が力説しているように、誕生したばかりのソ連邦が、世界革命の退潮のなかで「基本的な国際的存立」（⑦三二頁～）を勝ち取った点にある。レーニンはいち早くこのことの意味について気づき、諸政策立案の基礎に据えることになった。この認識を明示したのが、二〇年十一月のレーニンの演説「わが国の内外情勢と党の任務」であった、と不破は明らかにする。この点は学ぶべきである。

もし不破がI・ドイッチャーに目を通していれば、この自説を補強することができたはずである。ドイッチャーは、少し前の出来事との関係で述べているのだが、「初期のボルシェヴィズムが、世界におけるみずからの孤立という現実を認識する能力に心理的に欠けていた」（『武装せる予言者トロツキー』四六八頁）と明らかにする。だれもが「世界革命」の早期の実現を期待し、疑わなかったからである。そういうなかで、レーニンはいち早く事態の核心を察知したのである（「転換」の主軸である「新経済政策」については後述）。

この転換に関連して、不破は、「後日談・スターリンとトロツキーの一国社会主義論争」と節を立て、このレーニンの演説をトロツキーは「一国社会主義論」批判で取り上げていないことを指摘する（⑦八〇頁）。さらに、この点ではスターリンも同様で、両者はともに〈レーニンの転換〉を認識できなかった、と批判する。私は、この一点に関しては、不破の批判は正しいと考える。

だが、不破の結論――「スターリンの出した結論――ロシア一国でも社会主義の建設は可能だという立場が道理をもっており、それは、レーニンが最後の時期に立っていた見地とも合致していたと考えています」（⑦七九頁）は、やはり誤りである。〈転換〉の必要性を認めることと、社会主義が一国で実現可能かどうかとはレベルが異なる。不破の判断が誤りであることは、ここで、不破自身が参照を求めている不破の論文を一読するとはっきりする。

不破は、一九五九年に『前衛』に「現代トロツキズム批判」を発表した。重ねて確認するが、この時点でレーニンの先の演説に着目したことには脱帽するが、その全体的論調は酷いと形容するほかない。トロツキストの主張は「スターリンによって完膚なきまでに粉砕された」(『マルクス主義と現代イデオロギー』上、二一五頁)、「トロツキーが『社会ファシズム』論を中心とした当時の一連のコミンテルンの誤謬をつきえたのは、コミンテルンのあらゆる方針に反対して」(二一七頁)いたからだ、一九五六年のハンガリー事件は「帝国主義者によって組織され挑発された反革命運動」(二三四頁)だ、「ユーゴスラビア」は「修正主義」(二三五頁)だ、――これらの主張はいずれも今日では、共産党自身がその誤りを認めて自己批判しているではないか。最初に引いた「完膚なきまでの批判」については、今度の論述では「スターリンの全くの創作」(⑦八三頁)、「きわめて荒っぽい、しかし単純な誤り」(⑦八六頁)になってしまった。この論文でトーンをなしている「平和擁護闘争」など、いまでは「赤旗」では死語になっている。

不破は、あたかもトロツキーは「世界革命」にのみ熱中していて、ロシアの社会主義建設には無関心・無能力であるかに描こうとしているが、二三年の第一二回党大会――レーニンが初めて欠席した党大会――で「工業報告・結語」をおこなったのは、ほかでもないトロツキーだったのであり、トロツキーがロシアにおける社会主義建設について消極的であったわけではなく、スターリンに比べればはるかに先駆的であったことは明らかである。ところでと、もう一つ付け加えないといけないが、すでにスターリン、ジノヴィエフ、カーメネフの「トロイカ」が牛耳ったこの党大会では、不破が「グルジア問題」(⑦三九〇頁以下)で取り上げているように、「民族問題」も焦点となっていた。だが、「民族問題に関してただ一人意外な沈黙を守った」のがトロツキーであった(ロバート・ダニエルズ『ソ連共産党党内論争史』一四九頁)。トロツキーは、折角レーニンが信じて付託した、スターリンへの批判の手紙――ドイッチャーの秀逸な表現によれば「爆弾を炸裂させないと約束してしまっていた」(『武力なき予言者トロツキー』一〇九頁)。このトロツキーについて、ダニエルズは「政治的意欲の消失」(一六六頁)と評した。

本稿で詳しく論じる余裕はないが、一七年の「四月の再武装」は貫徹されたが、〈二一年の転換〉はレーニンを除く指導者には理解されず、ボリシェヴィキたちは中途半端な事態追随に陥没することとなり、やがてソ連邦の崩壊を迎えてしまった。

実は、私は一九八一年に、「労働組合論争」を主題にした論文の結論で「二一年には、三月にクロンシュタット事件があり、新経済政策と分派禁止を決定した第一〇回党大会があり、ドイツ三月蜂起の敗北とパウル・レヴィの除名問題が生起するなど、明らかに革命ロシアと国際共産主義運動にとっての一つの画期を示す年だと考えられる」として、その「解明」の必要性に注意を喚起したことがあったが、政治的実践に明け暮れて果たせずにいた(『日本共産党との対話』稲妻社、一五四頁)。

[3] レーニンの「帝国主義論」と哲学

第三に、不破がレーニンの「帝国主義論」について、その形成の過程を第一次世界大戦の推移と関連させながら、レーニンの認識が次第に深化してゆくものとして解明した点は学ぶに値するであろう。これが第四巻の主題であるが、全七巻のなかでももっとも読み応えのある巻である。また、第一巻でローザ・ルクセンブルクの『資本蓄積論』を「市場問題」に論点を設定して批判している部分も面白かった。

付随的ながら、レーニンが『資本蓄積論』に関連して、一九一三年にパンネクックへの手紙で「『純粋の』資本主義社会」(①二六四頁)という言葉を使っていることを教えられた(私は、ブハーリンが『過渡期経済論』で「純粋資本主義」を使っていたことが、宇野弘蔵の「純粋資本主義」のヒントかも知れないと指摘した*)。不破は「外国市場」に関連させて「抽象理論の領域と現実の歴史分析とを区別して」(①三二一頁)という小見出しを立てているが、経済学の方法論として考えれば、この区別をはっきりさせるには、宇野経済学の「三段階論」が有効だということになるのではないか。不破はこの小見出しの数行先で「理論問題として再生産論を究明するとき」と書いているが、この「理論問題」は「原理論」と置き換えたほうが分かりやすい。小見出しに従うのなら「抽象理論の問題」とすべきである。どういう理論のレベルかが問題なのだから「理論問題」だけでは不適切である。

第四に、私は哲学についても(も)、レーニンが謙遜して自称したという「平《ひら》マルクス主義者」

(③二頁) よりさらにレベルが低いから、レーニンの『哲学ノート』について語る資格はないが、不破によるとレーニンがカント主義にたいするかつての自分の批判を反省して書いたという次の一句は意味深長だと考える。「坊主主義は……あだ花であるが、しかしそれは生き生きとした実を結ぶ……生きた木についたあだ花なのである」。この言葉に導かれて、不破は「観念論や不可知論のどんな潮流も、無意味な『あだ花』ではけっしてありません。……人間の思想と文化を豊かにする意義をもつ『あだ花』なのです」(③一二五頁)と書いているが、まことにもっともだと考える。観念論や不可知論にしてそうなのであるから、社会主義を目指す他の潮流――例えばトロツキズムや新左翼党派の多くも、確かにわが身を反省しても不破の言う「上ずった進軍ラッパ」(④二九二頁)を吹いていた面があったとはいえ、「無意味な『あだ花』ではけっして」ないのである。

この視点からすると、まさに革命的激動期の出来事として、一七年四月にレーニンが「封印列車」で帰国した直後に、ペトログラードのタウリーダ宮殿で「メンシェビキとボリシェビキの両代議員の合同集会」(⑤一四九頁)で講演する場面は、鮮明にこころに焼き付けて教訓としなければならない。不破は「異常なこと」と形容したうえで、メンシェビキなどを「同じ革命の同志として扱う」「ボリシェビキ指導部の考え方や態度があからさまに現れていました」と戸惑い気味に評している(普通、「あからさま」は肯定的文脈では使わない。私なら「鮮やかに」と形容したい)。この二つの党派の共闘が可能だったのは、日本新左翼の醜悪な内ゲバとは異なって、両派を分かつ血の河が流れてはいなかったからである（かなり昔に読んだ記憶があるが、もともと同じ党内の分派だったこの両派には国家権力のスパイを摘発する共通の機関（人物）がいたのではなかったか）。

〔4〕留目すべき諸点

ほかにもいくつか挙げておこう。

・プレハーノフが執筆した一八八七年の「ロシア社会民主主義者の綱領草案」では、「生産にたいする生産者の支配」、「社会的事務の管理に全市民が直接参加する」（②九三頁）などが明示されている。私の関心が「市民」の定位にあるので、留目しておきたい。

・民族問題に関連して、有名なマルクスのアイルランド問題についてのエンゲルスへの書簡をレーニンが活用していた（③二四二頁～）。

・不破は、第一次世界大戦と第二次世界大戦との開戦前夜の政治情勢の大きな相違を、イギリスのチャーチル首相の前者についての回顧録『世界の危機』から「不思議な平穏」（④二四頁）を引いて明らかにしている。不破が、そこに「戦争賛美の議論が、交戦国の世論を圧倒的に支配しえた根拠」（④二五頁）の一つを見出しているのは、卓見である。

・コミンテルンについても、不破ははっきりと批判するようになった。不破は最後の章「レーニン以後」で、「第七回大会の人民戦線戦術の最大の弱点、最大の問題点は、それが、ソ連の外交政策と合致しているかぎりでだけ……許された戦術だったということです」(⑦四五〇頁)とまで批判している。だが、他方では、コミンテルンの創設については「レーニンは、いったい情勢と運動の発展のどういう点に、第三インタナショナルの創設の条件が熟したことを見てとったのか」(⑥三一七頁)としか問題にしない。レーニンがどう考えたかよりも、実際にどうだったのかのほうが重要にきまっているが、不破はそこまでは切り込まない。ただ、この節を「コミンテルンは、ドイツ共産党の反対を押し切る形で発足したのです」(⑥三三九頁)と歯切れ悪く結んでいるだけである。この点では、I・ドイッチャーは、『武装せる予言者トロツキー』で「混乱を母親とし、願望を父親とし、偶然を産婆として、この大組織は誕生したのであった」(四七一頁)と辛辣に評している。

この節の最後に、論争の意義について不破といっしょに確認しておこう。不破は、「プレハーノフという人物が、レーニンの理論活動で果たした役割は大きいんです」と語り、「マルクス主義についてこれだけの学識をもった論敵がいたことが……大きなバネになっている」(②四一一頁)と指摘し、第三巻では「論争が面白いのは、相手の論法に刺激されて、自分自身が理論的に発展する」(③四一九頁)とも語り、第四巻では「論戦が理論的な前進の推進力となる」(④三七三頁)と小見出しを立てている。ごく当然の指摘にすぎないが、いまこそ、このような意味のある論争を起こさなくてはならない。

共通認識にすべきことが以上であるとまとめられたのでは、不破のファンならずとも、お前は一体何を読んでいるのだ、「市場経済」や「多数者革命」は眼中にないのか、と叱責したくなるだろう。私は、基調として論じられている問題を見落とすほどに強度の色メガネは掛けないようにしているから、見落としているのではなく、別に批判的に論評しようと位置づけているだけである。そこに進む前に、逆に不破がこの大冊で欠落させている重要な問題があるのか、ないのか、について明らかにする。

三　不破が欠落させている問題

もともとこの大冊は、一九九七年に著わした『エンゲルスと「資本論」』につづくもので、当初の問題意識としては、レーニンやロシア革命の全体像を明らかにするというよりは、「レーニンがマルクスやエンゲルスをどのように読んだかを系統的に探究」（①二頁）することを主眼としていると、出発点で確認されていた。そして「全体の構成〔は〕執筆しながらの展開」になると断られていた。やがて、不破の問題意識は、「二〇世紀に科学的社会主義の道を選んだ者の、後世にたいする歴史的な責任」（④三五七頁）の思いにまで深まり、レーニンの「業績の全体を総括する必要にまで拡げられた。「自分が問題だと思うところだけを拾って議論したのでは、手前勝手で主観的なレーニン論の域をでません」と胸を張っている。その言や良し、ではあるが、この種の決意を実現するのは並大抵のことではない。果たして、この公約は守られたのであろうか。

そこに進む前に、もう一つの不破の問題意識を知る必要がある。不破はさかんに「レーニンを〝レーニン自身の歴史〟のなかで読む」という方法を強調している。不破が繰り返し指摘しているように、「ソ連の歴史学」はレーニンを「誤りや後退のない一路〝前進と発展〟の過程として描きだ」(⑥一〇頁)していた。不破はこれを強く意識してそうあってはならない反面教師としている。何事によらず、批判というものは批判対象に制約される。だから、不破がレーニンの前にプレハーノフやカウツキーが先行していた事実に着目しているように、優れた先人を相手にすればその格闘の結果も実り豊かなものになるし、粗悪品だと成果は乏しい。その意味では相手が劣悪だったのは不破の不幸である。

この大冊にはいくつかの大きな欠落がある。

第一には、組織論である。一九〇三年のロシア社会民主労働党の第二回党大会でのボリシェヴィキとメンシェヴィキとの分裂についてはもちろん触れているが、そこで決定的な問題の一つとなった「規約第一条」の問題——党員の資格をいかに設定するかの問題にはごく簡単に「党規約の問題」(②二三四頁)と一筆するだけである。そして「新経済政策」を決定した二一年の第一〇回党大会を「転換点」として詳しく論じながら、その大会で決定されたもう一つの重大な問題である「分派禁止」についてはまったく問題にしない。不破自身が組織論についてとりわけて疎いというのであれば、あるいは組織論というものが素粒子論のように特に専門領域の課題なら仕方ないが、不破は組織論についても何冊かの著作を著わしている。それなのになぜ、まったく触れようとしないのか（別に論じているという注記さえない）。これは見事というほかない。

説明がないのだから、推察するしかないが、このことは共産党の組織原則とされている「民主集中制」なるものに、不破が疑問を感じているからではないであろうか。レーニン時代、民主政もルネサンスも経験のない、ツアーが支配するロシアで適合的であった、非合法形態をベースとする組織論が、民主政下の現代でそのまま通用するはずがない。近年は、共産党の中央委員会総会はCS通信によって地区の事務所で視聴され、その場から党員の意見が会議に届けられている。レーニンの時代には想像もできないことが、ME機器の発達を基礎に可能となり実行されている。この時代の相違に、ようやく不破は気づきつつあるのではないであろうか。今年一月に発行された『日本共産党の八十年』では、一九八四年に発表した重要論文「科学的社会主義の原則と一国一前衛党論――『併党』論を批判する」が姿を消した。なぜであろうか。

大冊で唯一、組織論と交叉する場面がある。不破は、一九二一年の「ドイツの三月行動」に関連して、この冒険的愚行を批判して除名された、ドイツ共産党議長パウル・レヴィについて、レーニンが「除名の期限を設けるべきである」（⑦二八三頁）と指示したことを紹介している。レーニンはくりかえし、「レヴィが政治的には非常に多くの点で正しい」（⑦二七七頁。三一〇頁）とはっきりさせている。組織論のレベルで言えば、きわめて興味深い問題である。だが、不破はこのレーニンの指示を「ユニークな提案」としか捉えない。

ところで、不破は絶対に触ろうともしないが、この問題ではトロツキーの著作を見ておくことも興味深い。不破に不都合な証言なのか、トロツキストに不利なのか。トロツキーは、二二年一月に「プラウダ」に掲載した「パウル・レヴィと若干の『左翼』」では、「レヴィは三月の誤謬に反対した」(『コミンテルン最初の五カ年』現代思潮社、一一二頁。傍点は村岡)としか書かない。「批判」ですらない。三月事件の直後におこなった「モスクワ党組織の一般党員集会での演説」に付けた注では「パウル・レヴィは三月事件中に〔ドイツ共産〕党がとった戦術の批判を展開した」と書いたが、すぐにつづけて「だが、彼の批判は絶対に許しがたいほど組織を破壊するような性質のもの」(「革命的戦略の学校」同、三二頁)だと退けている。レーニンとの違いは歴然である。

組織論については、渓内謙が『現代社会主義の省察』で、「レーニン主義とスターリン主義の連続、非連続」(一七頁)を問題とし、「組織論が前提する人間観の相違」(一九頁)について鋭い考察を加えていた。レーニンは一九一八年九月に、新聞にレーニンを「天才」「特別の人間」と形容した記事を見つけて、激怒したという(一九頁)。

第二の欠落は、法や法律の視点からの考察がまったくないことである。大冊で「法律」が登場するのはきわめて稀であるが、列記してみよう。

・「法学者の愚かしい定義」――レーニンからの引用。②三二一頁。
・「『反デューリング論』哲学篇の『道徳と法』の章」③七五頁。
・「いかなる法律にも束縛されない」――レーニンからの引用。⑤三四四頁。
・「法律や基礎をつくりだし」⑤三四四頁。

・「必要のまえに法律なし」――レーニンからの引用。⑥四〇頁。
・『法のまえでの市民の平等』〔は〕……ブルジョア民主主義の偽善」――レーニンからの引用。⑥三一五頁。
・「法律的な言い回しに満ちたわかりにくい文章」⑦二三八頁。

これだけである。レーニンから法（律）を軽視した文言を引用した四例、『反デューリング論』の目次と、自分の言葉で書いたところは「法律や基礎」と並列してとく法律に焦点を当てたわけではない場合と否定的表現での飾りとしてだけである。

逆に、当然にも「法律」と書いてよいところなのにそうは書かないところもある。
・唯物史観に関連して、「諸制度・諸関係の総体」と書いた部分。①三八七頁。三九〇頁。
・「制度、風習、伝統」を列記した部分。⑤三一一頁。

また、法学と社会学とは別であるが、不破は、レーニンが社会学への嫌悪感を現わしてブハーリンを批判した文章をそのまま引用して済ませている（④二三二頁）。もし、社会学にもしかるべき位置を与えるという問題意識があれば、なにか注釈を加えたであろう。ここでは不破は、前記の「あだ花」の教訓をすっかり忘れている。

さらに、不破は、十月革命後に「搾取者からソビエトの選挙権をとりあげたこと」（⑥四二八頁）に触れているが、この問題を論じるのなら絶対に注意すべき重要な史実を無視している。一九一八年一月に公布された「勤労被搾取人民の権理宣言」である。この宣言で、そのタイトルにも明示されていたように、「勤労者と被搾取者」だけが〈権理〉の主体とされたことが、制限選挙の根拠となったのである。不破は、ここでもどこでもこの出発点をなす歴史的宣言にはまったく触れない。

このように、不破は余程に法律が嫌いらしい。確かに、レーニンたちは、この大冊にも登場する法学者の藤田勇によれば、「法律についての無知は革命家の誇りである」というのが常識である世界で活動していたのであった。こんなところまでボリシェヴィキに傾倒することはないだろうが、正統派マルクス主義の世界では法学的問題意識が伝統的に希薄である。

第三の欠落は、「労働者管理」である。不破は、レーニンの最初の社会主義論としてその特徴を「記帳と統制」に発見して、そこに歪みがあったと詳述・強調している（第六巻）。確かにそこにもレーニンの特質と限界があったと切開することは悪くはない。だが、レーニンは「労働者統制」についても繰り返し主張している。一九六九年にB・ヴィノグラードフが『労働者統制の理論と歴史』（大月書店、一九七四年）で詳述しているとおりである。〈労働者が生産を管理すること〉こそが、社会主義の生産にとっては核心的課題である。ところが、不破の目はそこには向かわない。

なぜそうなるのであろうか。本人の説明がないから推察するしかないが、不破は第一巻でローザ・ルクセンブルクへの批判のなかで、「資本主義と社会主義」の区別について「労働者の分け前」の「拡大」とか「消費の領域での巨大な変化」（①三二五頁）にのみ関心を示していた。不破は、生産の主体である〈労働者のあり方〉あるいは〈生産における労働者の位置〉の問題に関心が薄い。

この無関心は、一九二〇年に展開された「労働組合論争」を内容的にはまったく問題にしないことにもつながっている。人肉食すら発生するような窮境のなかでおこなわれたこの論争は、確かにレーニンが後に述べたように、「このぜいたくは実際にまったく許し難いものであった」(⑦九四頁)と評したくもなるであろうが、にもかかわらず、労働者が生産現場で生産をいかに管理するかをめぐってきわめて重要な問題を提起していたのである。だが、不破は、レーニンの関連論文を列記するだけで争点がどこにあったのかさえ触れない。

そして、この不破の傾向は、レーニンの「記帳と統制」路線の限界を切開する方向に悪い影響を与えることになる。不破は、〈労働者の協議〉を軸にした「記帳と統制」――この場合、「記帳と統制」は別の適切な言葉に変更されるであろうが――という方向には向かわず、逆に背を向けて一路「市場経済」に逆戻りすることになる。

なお、「労働者統制」よりは「労働者管理」のほうが一般的である。ほかにも「生産管理」「労働者自主管理」などの類語もあり、それらの区別と関連を問題にする議論もある。

また、不破は、「記帳と統制」についてはしつこく書いているが、「経済計算」については、レーニンからの引用のなかに一度でてくる(⑦一三〇頁)だけで、まったく注意を払っていない(ロシア語では記帳も計算も「ウチョート」と書く)。一九二〇年に近代経済学のミーゼスが発火点となって国際的に展開された「社会主義経済計算論争」に見られるように、「経済計算」――社会主義経済での全体の運営をどのように実現するのか――はきわめて重要なキーワードである。だが、不破にはまったくその意識はない。同じように、不破は、「社会主義的分配関係の確立」(⑥八五頁)などとも書くが、その内実がどのようなものかについてはまったく説明しない。

この大冊からは少しずれるが、不破は、今秋に予定されている第二三回党大会を前に「綱領改定案」で「生産手段の社会化」を強調し始めた。大変によいことであるが、この核心的要点と合わせてセットにして提起しなければならない、もう一つの要点がある。それが〈労働者が生産を管理すること〉である。もちろん、その内実が何なのか、一つの企業(正確には生産単位)内だけでなく、全体の生産との関係をいかにして運営するのか、なお模索中の大問題であることはここで詳しく述べるまでもない。

欠落とは少し違うが、全七巻を通読すると、全体的仕上がりの点で不満が残る。

一つは、各章の結論に竜頭蛇尾の感が強い章がある。それぞれの章がかなりの紙幅を割いて論じられているのに、結論がみすぼらしい。とくに、第三章、第一〇章などは物足りない。このことにも起因しているのであろうが、もう一つは各巻が分断されていることである。時期的に区分して主題を設定して論じるという論立てから生じるという面もあるが、そればかりではない。

その典型は、第三巻でレーニンが「マルクスの理論＝全一的全な世界観」(③五八頁)と明らかにしたと紙幅を割いて説明しているが、このレーニンの世界観がレーニンの歩みのなかでどのように活用されたのか、それともブレーキになったのか、まったく何も書かれていない。それに、不破は、レーニンが「マルクス主義の三つの源泉と三つの構成部分」に書いた「マルクスの学説は正しいので全能である。それは、完全で整然としていて……全一的全な世界観を人びとにあたえる」(③二七三頁)を引用するが、これは今日でも通用する認識なのであろうか。はっきりした評価は不明である。私は、この「全能」論は大きな誤りだと考える。

同じく「価値法則」について、「価値法則についてのマルクスの考察」(③一四四頁)という小見出しを立てているにもかかわらず、その後の巻では「価値法則」についてはまったく触れない。何のためにこの小見出しをわざわざ立てたのであろうか。「価値法則」については、I・ドイッチャーが「最も独創的なボリシェヴィキ経済学者」と評するプレオブラジェンスキーが『新しい経済』で、繰り返しその意味とその「消滅」について強調していた。

また、「労働力の商品化」についてもそうである。たった一度、『資本論』の蓄積論に関説して出てくる(①五四頁)が、それっきりである。

不破が『レーニン遺稿集』第三八巻から発見したと喜んでいるレーニンが書いた「社会主義社会での再生産表式」(①三二八頁)についても、発見自体は意味のあることであるが、続巻で社会主義経済について論じるさいにはまったく姿を現わさない。

不破は、第一巻で連載をスタートするさいに、「レーニンが、マルクス、エンゲルスの偉大な後継者であった」（①七頁）と書き、すぐに「時には誤りもおかした後継者」と補正しているが、連載の結びで長い研究の果てにさらに深化した総括を反映する表現を与えてもよかったのではないか。〈歴史と個人〉について、感慨が湧くことはなかったのであろうか。

歴史における個人の役割については、その人の立場がどのようなものであれ、古来いくたの賢人によって考察されてきたが、これからも歴史が存続するかぎりいつまでも問われつづけるであろう。レーニンとは何者だったのであろうか、もこの問いに新しい難しさを加えることになる。I・ドイッチャーはトロツキーについてマキャベリの『君主論』に習って「武装せる予言者」「武力なき予言者」と冠した。スターリンについてならすぐに「暴君に堕した革命家」と思いつくが、レーニンなら何が適切か。「クレムリンに葬られた革命家」ではどうであろうか。実際、クレムリン宮殿のレーニン廟にレーニンは化学処理されて眠っている。私も一度、照明に照らされたレーニンの周囲を歩いたことがあったが、複雑な感じを抱かされた。その日、赤の広場は青く晴れ上がっていた。「葬られた」には、彼の真意が忘れられ圧殺されたという意味をこめることができるからである。確かにレーニンはロシア革命の勝利の組織者ではあった。だが、レーニンは社会主義の建設者にはなれなかった。わずか五三歳で、前途に不安を深くいだきながら生涯を閉じなければならなかったレーニンはさぞ無念であったろう。レーニンの遺志を継ぐとは、レーニンの時代的限界を超えることにほかならない。超えるためには、彼が何を為したのかを明らかにしなければならない。

四　不破が主要に明らかにしたもの

では、不破は何を主要に明らかにしたのであろうか。

不破がこの大冊で主要に明らかにした問題は二つある。「多数者革命」と「市場経済」の活用である。その要点を整理してみよう。

〔1〕「多数者革命」について

不破がこの大冊でもっとも力を込めて明らかにしたのは「多数者革命」論である。

不破は、第五巻「第二三章　『国家と革命』を歴史的に読む」でレーニンが強調するようになった「国家機構の粉砕」問題に焦点を当てて、「強力〔暴力〕革命必然論」ともども、それらを「マルクス、エンゲルスの国家論とは両立しえない重要な矛盾がある」（⑤二六五頁）と指摘し、マルクス、エンゲルスを「多数者革命」論者に仕立てあげている。この論法とその内実については、賛成することはできないが、結論となっている「多数者革命」については、その表現は別として言わんとすることについては、私たちは賛成であり、支持する（私は〈則法革命〉として提起している）*。

不破は強引に、マルクスとエンゲルスを「多数者革命」論者に仕立てあげているが、ではなぜ後述の結論部分では「革命の議会的な道」としか書かないのか。そして、なぜ「第二八章 多数者革命からの後退」の五節は「エンゲルスの多数者革命論からみると」と立てられているのか。どうして、この章にはマルクスについての節は設けなかったのか。不破はこの五節の初めに「多数者革命の方針をもっとも明確な形で説明したのは、エンゲルスの「『フランスにおける階級闘争』への序文です」（⑥二四八頁）と書いているが、その執筆年一八九五年はエンゲルスの没年である。マルクスはすでに八三年に没している。「もっとも明確」などと他でもたくさん論じているかの印象を与えようとしているが、この節には他にはエンゲルスの論文も手紙なども何も出てこない。一つしか文献がないのに「もっとも明確」とはどういうことか。

もう一つ不破に質問しなければならない。不破はレーニンにたいしては、「国家機構の粉砕」に関連して、「そこから疑問が出てきます。マルクスやエンゲルスが『共産党宣言』の綱領への本質的修正を意味するような提言、世界の革命運動の全体に影響する重大な提言を、はたして、このような『明瞭でない』言葉で語るだろうか?という疑問です」（⑤二六六頁）と、叱責している。同じように、私たちは、なぜマルクスやエンゲルスはこれほど重大な問題＝「多数者革命」について、『共産党宣言』に修正を加えなかったのかと、不破に問わなければならない。『共産党宣言』は各国語で何版も出版されたのであり、エンゲルスは何回も「序文」を書いていた。ここでもまた、「各巻の分断」が活かされている。

不破は、「マルクスやエンゲルスが……普通選挙権や民主共和制のための闘争に真剣にとりくんだ」（⑤六頁）などと書いているが、確かにそういう局面や発言もあるが、『共産党宣言』には「普通選挙」はただの一回も登場しない。不破は、エンゲルスが前記の「序文」で『共産党宣言』では「普通選挙権の要求を明記したと語った」ことについて、『共産党宣言』では「この要求にはふれていませんでした」（⑤二九九頁）と注記しているが、この点はすでに私も指摘したことがある。*

不破は、『国家と革命』について詳細に論じ、「レーニンの最大の理論的誤り」（⑤三四六頁）と断じている。だが、不破は依然としてこの大冊では「国家が経済的土台のうえにたつ上部構造であって、資本主義社会ではブルジョアジーの支配と搾取に奉仕するという階級的性格をもつという認識は、科学的社会主義の国家観の基本に属することです」（⑤二五五頁）と考えており、したがって当然にも「労働者階級が全権力をにぎるという新しい思想」＝「労働者階級の権力」（②二八〇頁）を正しいと考えている――この認識はマルクス主義の通説である（だから、「敵の出方」論を肯定している。⑤四二二頁）。

ところが、つい最近になって、不破は「綱領改定案」でこの「労働者階級の権力」を放棄してしまった。本人が反故にした古証文を検討しても意味は少ないから、この問題は本稿では検討しない。ただ、ここで、注意深い読者はすぐ気づくであろうが、前記の「労働者階級の権力」は第五巻からではなく、第二巻からの引用である。なぜかは不明だが、不破は第五巻では「労働者階級の権力」と書いていない（綱領改定の布石かも知れない）。ここにも「各巻の分断」が顔を出す。

不破の「多数者革命」論の致命的限界は、法学からの裏付けがまったく欠如していることである。だから、さかんに「民主主義」というが、「民主主義」(〈民主政〉のほうが適切)とは何かについて定義を与えることができない(ついでながら、不破はマルクスが例えば「市場」をいかに定義しているかはよく探しているが、マルクスやレーニンが定義していないことを、自分の思考と言語で定義する創造的努力はしない)。「民主的共和制」とも書く(「民主共和制」もあり、不統一)が、「民主的共和制」と「民主主義」との関連はどうなっているかも説明がない。不破は、一九一八年に誕生したワイマール共和国について、「ブルジョア的な議会制共和国」(⑥三四六頁)と書いているが、少し後では「成立したばかりの民主共和制」(⑥三七八頁)と言い換えている。「ブルジョア的な議会制」と「民主共和制」は同義なのか。

不破はたった一度だけ、「主権在民の原則」と書いているが、論じているというほどのものではなく、逆に問題ぶくみとなっている。不破は、「……民主的共和制が、立憲的君主制などと決定的に違う中心点は、主権在民の原則が実現されているかどうか、すなわち人民が選ぶ議会が、国政のすべてを決する全権を本当にもっているかどうかという点にありますが、レーニンは、この肝心の問題を一言も口にしようとはしません」(⑤二八〇頁)と書いている。

文中の「本当に」は〈原理として〉とすべきであるが、〈法の前での市民の平等な権理〉を付け加えれば、大いに推奨すべき認識である。だが、この認識と前記の「科学的社会主義の国家観の基本」、別言すれば「国家は支配階級の支配の道具」(⑤三七一頁)とは整合的で両立可能なのかを、不破は考えるべきである。レーニンが「主権在民の原則」を「一言も口にしようとはし」ないのは、「国家は支配階級の道具」命題を、別件での不破の言葉を借りれば「固定観念」(⑦一四〇頁)にしているからなのである。逆に、不破が関連させることなく二つの〝認識〟を書いているのは、思考が中途半端だからである。トロツキー言うところの「中間主義」のゆえである。

私は、〈民主政〉とは、〈法の前での市民の平等な権理〉と〈主権在民〉を原理とする政治システムであると、理解している。この視点からは、「多数者革命」というよりは〈則法革命〉のほうが内実に見合った表現である、と私は考える。

さて、本稿第一節で私は、「民主的共和制がしかるべき評価を回復するには、一九三五年のコミンテルン第七回大会を待たなければなりませんでしたし、革命の議会的な道についてのマルクス、エンゲルスの理論がその真価を理解されるようになるには、それからさらに二〇年余の年月を必要としました」(⑤三四六頁)という一句に光を当てておいた。

不破が一九五八年に、「社会主義への民主主義的な道」なる論文を発表していたことについてもそこで指摘しておいたが、この論文では、コミンテルンの経験も総括し、五六年のソ連邦共産党第二〇回党大会での「スターリン批判」を契機に開始された、イタリア、フランス、イギリス、アメリカの共産党における新しい理論動向をフォローして、「粉砕した国家機構」問題についても問題提起していた。「地方自治」の重要な役割、天皇制や憲法の評価にも触れるきわめて水準の高い論文である。

『経済』にこの部分の連載を掲載したのが九九年十一月だから四一年前である。もし、もっと早い時期にここまでの認識が共産党中央の全体的認識になっていれば、今さらこれだけのエネルギーを割いてこの問題に熱中することはない。そうすれば、不破の能力は別の問題に振り向けられることも可能となったであろう。だが、この論文の二年前に上田耕一郎と実質的には共著と言える『戦後革命論争史』(大月書店)を刊行したが、六四年に絶版措置を取らされ、八三年にはこの件でわざわざ「自己批判」させられた不破にとっては(本書二一頁参照)、いわば喉に刺さったトゲであり、何としても明らかにしておきたかったのであろう。つまり、不破は新しい現実に立ち向かうのではなく、半世紀近くも前の自分の正しさの証明に労力を費やすことになってしまったのである。だから、私は、先の一句にこの大冊の急所があると考えるのである。

[2]「市場経済」について

他方、「市場経済」のほうは、あらかじめ明確になっていたわけではなく、それこそ「執筆しながらの展開」である、先回りすることになるが、この六月に発表された「綱領改定案」では「市場経済を通じて社会主義に」という言葉が成語となっているが、この大冊では「市場経済のもとでの社会主義建設」(⑦五頁)と書かれている。共産党の綱領はもちろん、彼らの世界でもこれまでほとんど使われたことがない「市場経済」なる言葉が不破にとって問題意識に浮上してきたのは、資本制経済の分析のためではなく、社会主義における経済の問題を考察する過程においてである。レーニンの場合にも同様である。

不破によると、「それまで〔一九二一年〕のレーニンの論文などを見るかぎり、市場経済の問題をめぐって本格的な考察をしたという形跡は、あまり見られません」(⑥一〇四頁)ということであるが、このことはそっくり不破の場合にも当てはまるであろう。不破の「それまで」は何と七八年後の九九年であるが。私には、不破がレーニンに当たったたように、不破の業績を精査する余裕はないが、この大冊を読むかぎりそう言える。

二〇世紀初頭のロシアでの「市場問題」を主題とした第一巻にも、さらに第五巻まで「市場経済」は登場しない。正確にいうと、第二巻の巻末で山口富雄を相手に初めて「市場経済」(②三六二頁)が登場する。一九九八年九月である。この直前に不破は、日中両党の関係回復のために中国を訪問したのだが、そこで話題になったという。だが、同じ時期に記した第一巻の「はしがき」では、「中国の党指導部との会談で、レーニンの『新経済政策』の現代的な意義という問題に触れる機会がありました」(①一〇頁)と書いているのに、ここでは「市場経済」には触れていない。

第一巻の「市場問題」の論点が社会主義経済には関連がうすいことはいうまでもないが、すでに見たようにここで不破は「レーニンが書いた社会主義社会での再生産表式」を取り上げているのであり、「市場経済」に触れて当然であるが、そうはなっていない。第三巻で「価値法則」に触れたところでも「商品生産社会」(③一四六頁、一四七頁)とは書くが、「市場経済」とは書かない。

不破が「市場経済」を正面から論じるのは、第六巻の「干渉戦争の時代」の第二五章（『経済』一九九九年二月号）に筆を進めてからである。

不破は、「『市場経済＝敵』論の登場」と節を起こし、「レーニンの『記帳と統制』構想」の「最大の問題の一つは、この構想が、その根底に『市場経済』の否定という方向づけをはらんでいたことです」（⑥九三頁）と問題を設定する。そして「十月革命後に、なぜ社会の経済的改革を市場経済の克服から始めようとしたのか」（⑥一〇四頁）などと「疑問」を発する。だが、ここでもすでに指摘した「各巻の分断」が災いしている。第二巻でプレハーノフの一八八七年の綱領を引用したなかに「現在の商品生産（すなわち、生産物の市場での売買）の排除」（②九三頁）と入っていたではないか。マルクスは没後だが、エンゲルスは存命中の時期であり、当時の社会主義者の常識だったのである。ただ、その具体的な内実については、まったく分かっていなかったのであり、それゆえに革命に勝利したロシアで、巨大な試行錯誤と悲劇を経験しなければならなかったのである。

だから、ロシア革命直後には、レーニン自身が不破も書いているように、一九一九年には「貨幣の廃止を準備するもっとも急進的な方策」（⑥一二三頁）を説いていたのである。不破の言う「『記帳と統制』構想」について、不破は「レーニン自身はそういう言葉は使っていませんが」と慎重に注意しながらも、「この路線は『市場経済』を敵視する『市場経済＝敵』論と呼んでもよいでしょう」（⑥一〇四頁）と評価しているが、その通りである。

不破はここでマルクスが『ゴータ綱領批判』で「〝共産主義社会における分配の問題を科学的にはどう考えるべきか〟についての詳細な議論を展開したのです」（⑥八五頁）と書いている。これは三重の誤りである。もし「詳細な議論が展開」されていたのであれば、レーニンにせよ誰にせよ迷路に陥らずに済んだであろうし、不破は、「マルクスは社会主義の青写真を描いたことは一度もなかった」（③三六九頁）といつも繰り返しているではないか。さらに、マルクスが『ゴータ綱領批判』で強調したのは「分配」ではなくて「生産」のほうである。

第二節で一九二一年の「レーニンの転換」を取り上げたが、その主軸をなす「新経済政策」について、不破は第七巻の「はしがき」で、「この転換の核心は、十月革命以来の『市場経済』敵視路線を捨て、市場経済のもとでの社会主義建設路線に、経済建設の軌道を根本的に転換させたところにありました」（⑦五頁）と明確にしている。「レーニンが一九二一年十月に到達したのは、市場経済を容認し、それと正面から取り組みながら、社会主義への前進の道を探究するということの方針だったのです」（⑦一二一頁）。不破が、第一〇回党大会が開催された三月としていないのは、レーニンの「新経済政策」自体が次第に内容を深めたと解明したことに基づいている。

「新経済政策」とその転換の重要性についてはこれまでも多くの研究が提出されている。不破はただ、決定的な路線転換が図られたこと、その方向が「市場経済のもとでの社会主義建設」にあると強調しているだけで、経済学のレベルでは「信用制度」（後述）の問題を除いて内容を論じているわけではない。

トロツキーに関心があるものとしては、前記のコーエンが、二〇年二月の「トロツキーの提案〔穀物徴発を現物税に代える〕は、ネップの第一歩を一年先取りしていた」（一二五頁）と認識しているのにたいして、この著作の訳者塩川伸明は、その箇所に訳注をつけてそうは言えないと明らかにしていることを紹介しておこう。ついでながら、コーエンは、この「党大会において、何が進行しつつあるのか理解していた者は稀であった」と冷めた評価を加え、この大会でのブハーリンの言葉――「今や共和国は髪の毛一すじでぶらさがっている」（一三一頁）を引用している。

本稿の最初に指摘したレーニン亡き後の状況に通じる、背筋の凍る発言である。

不破がこの問題で自分の考えとして提起しているのは、『資本論』の「信用論」における「信用制度」についての考察だけである。だが、その内容は一貫しておらず、支持できるものではない。

不破は第六巻で、「レーニンの『記帳と統制』構想」を批判するなかで、『資本論』の「株式会社」論につづけてマルクスから引用する。

《資本主義的生産様式から協同的労働の生産様式への移行の時期に、信用制度が有力なテコとして役立つであろうことは何の疑いもない。……社会主義的意味での、銀行制度・信用制度の奇跡的な力についての諸幻想は、資本主義的生産様式とその一つである信用制度とにかんする完全な無知から生じる。》〔A〕（⑥七六頁）〔「協同的」は不破の引用では「結合された」とされ「アソツィールテ」とルビが付されている〕。

そして、不破は「銀行制度が社会主義への移行の時期に現実に果たしうる役割にたいする予見的な分析」（⑥七六頁）と評している。この節での不破の結論は、レーニンの立論は「社会主義への移行過程における銀行の役割の過大評価というべきものでした」（⑥九二頁）という点にある〔イ〕。

ところで、この大冊では珍しく別巻の参照を求めているので、振り返ってみると、同じ箇所が引用されていた。だが、そこでマルクスはさらに「生産諸手段が資本に転化することをやめるやいなや、……信用そのものはもはやなんの意味ももたない」〔B〕（④一一六頁）と書いていた。そして、不破はこの引用の後で、「マルクスはここで、社会主義的な変革における銀行制度・信用制度の役割について、大胆で深い考察をめぐらせています」と一言だけ書いている。

不破は参照を求めてはいないが、二つ後の章では不破は、レーニンの「国家資本主義」論に関連して、『帝国主義論』で銀行制度のなかに社会主義的変革へのテコの一つを見たような、マルクス以来の理論的伝統が脈動していたのです」（④三四三頁）と肯定的に書いていた〔ロ〕。

すぐに起きる疑問は、〔イ〕と〔ロ〕は方向が逆ではないかということである。〔イ〕ではレーニンは「テコの一つを見た」のではなく、「銀行の役割の過大評価」したと批判されているからである。もう一つは、不破は、第四巻での論及を「断片的紹介といううらみをまぬがれない」と反省して、「よりまとまった形で紹介する」と論述しているにもかかわらず、なぜ第六巻では〔B〕を引用から外したのであろうかという点である。

私は、逆にマルクスのこの論述には大きな問題があると考える。「協同的労働の生産様式」とは何か、その内実はどうなっているのかも不明だし、〔A〕と〔B〕とはどういう関係にあるのであろうか。「有力なテコとして役立つ」のに、「もはやなんの意味ももたな」くなるとは？　確かに世の中にはへその緒のように、生まれてくる前には役に立つが、ひとたび生まれると不要になるものもある。「信用制度」もそういう手段なのであろうか。経済計算のための設備や資料や方法ならば、変革の過程でもその後も活用するに決まっている（一九世紀のラダイト運動を卒業した私たちは、コンピュータをぶち壊そうとは思わない）が、制度としての「信用制度」も同じように活用できるのであろうか。いったい「信用制度」をどのようにして「テコとして役立てる」のであろうか。マルクス自身がここで「資本主義的生産様式とその一つである信用制度」と書いているのであり、生産手段の資本制的私有を廃絶した後に、「信用制度」だけはその機能と位置を保存させているのか。私は、社会主義経済――私はそれを「協議経済」として構想している――ではもちろん、そこへの「過渡期」においても「信用制度」を活用することはできないし、その必要はないと、考える。断るまでもなく、銀行員の仕事がすべてなくなるわけではない。

不破は、「有力なテコ」については「変革における」とか「移行の時期に」と解説している。どっちでも同じだが、「社会主義」の手前であることは明らかである。だから、不破は第六巻で再考したさいに、「生産諸手段が資本に転化することをやめるやいなや」、つまり〝社会主義に到達した後〟を外したのであろう。確かに外してしまえば、〈矛盾〉は無くなるが、マルクスは合わせて書いていた。私は、〔A〕は誤りで、〔B〕が正しいと考える。

急進主義によって性急には解決できないということと、その目標を断念することとは同じではない。より大きく複雑で困難な課題については、より長期的にねばり強く挑戦する必要が生じるだけなのである。社会主義の実現を希求する私たちの課題は、あくまでも、不破流に言えば「市場経済」の克服として設定されているのである。

この「信用制度」の問題は、不破は取り上げていないが、マルクスが『資本論』第三巻第四九章で書いた「価値規定が残る」（新日本出版社、⑬一四九〇頁）という問題*にも関連しているが、ここではそのことだけ指摘しておく。マルクスの「株式会社」論についても、すでにいくつかの研究が提出されているが、本格的な探究が必要である。

また、不破がその後に「市場経済を通して社会主義に」として打ち出した「理論」については、この大冊の後の動向も含めて、別稿で検討する予定である。

五　私たちの共通の課題

以上、いくつかの論点を明らかにしてきたが、最後に、この大冊をめぐって、私たちは、何を共通の課題として背負うことになるのであろうか。前節までは触れられなかった点もふくめて整理して、本稿を閉じることにする。

前節までに取り上げなかった大きな問題は、農業問題と民族問題と国家論である。それぞれに従来から数多く論じられている。不破がこれらの問題を重要な問題として設定して論及していることについては、もちろん賛意を表するべきである。そのうえで、ここでは一言づつ注文をつけておこう。

農業問題について、何よりも〈農業とは何か〉について正面から定義して論じるべきである。そのうえで、結論としては〈保護産業〉として位置づけることが決定的に重要なのである。*また、Z・メドヴェージェフの『ソビエト農業』（北大図書刊行会）や梶川伸一の『ボリシェビキ権力と農民』（ミネルヴァ書房）が明らかにしている、ソ連邦における農業の、恐るべきと必ず形容しなくてはいけない実態を直視する必要があるし、レーニンの農民観への批判と反省が欠かせない。民族問題については、私はきちんと学んだことがないが、近年、白井朗が『二〇世紀の民族と革命』（社会評論社）を著わしている。

国家論については、不破は、ブハーリンがレーニンに比べて、国家の「軍事化」などについて「より敏感な反応をしめし」（④三二〇頁）たと明らかにしているが、両者の、国家についての対し方、把握が正反対であることについては、和田春樹が二〇年も前に鋭く問題にしていた。「ブハーリンが恐怖にかられて立ち往生する国家の時代に、レーニンは希望をみて直進していったのである」（「国家の時代における革命」。渓内謙など編『ネップからスターリン時代へ』木鐸社、二八二頁）。和田は、さらに「この道がブハーリンの描き出した『新しいレヴァイアサン』のもう一つのヴァリアントを生み出したのは不思議ではない」と、この論文を結んでいた。この道が一直線だったのか、重大な歪曲のゆえなのかは、なお慎重に検討しなくてはならないが、その一面があったことは確かだった。

このことも興味深いが、そんなことより、この問題では不破は珍しく、現在の日本に関説している。不破は、「日本の自民党政府が、日本の金融資本の利益の代弁者であることを証明するには、そんなに複雑な分析の手段は必要ありません」（④一六〇頁）とか、「国家権力や支配政党と支配階級とのあいだの関係は、国民の実生活のなかで、何の証明も必要としない日常の歴然たる事実となっています」（④一六三頁）と書いている。果たして、そうであろうか。不破がこう書いた数年前、一九九三年以降は自民党単独政権の時代は過去のものになっていること一つを取り上げても、事はそれほど単純ではないことは、それこそ「日常の歴然たる事実」ではないだろうか。そもそも、「日常の歴然たる事実」によって、「国家権力や支配政党と支配階級とのあいだの関係」がすぐに分かるのであれば、社会科学は必要ないし、それこそ多数派の獲得ははるかに容易であろう。

このことにも関連して、「資本主義の基本矛盾」を通説どおりに「生産の社会的性格と取得の私的性格との矛盾」（①二〇二頁、②一四四頁）としていてよいのか、が問われている。さらにレーニンいらい強調されてきた「社会主義を実現する客観的諸条件が完全に成熟した」（④七九頁。⑤二一二頁）とか「帝国主義は不可避的に崩壊する」（④一三七頁。一四五頁も）という認識が、根本的に検討されなければならない。これらの認識は、人間の主体的条件の成熟と必ず一体のものとして提起しなければならない。「客観的諸条件の成熟」だけを語るのは、「歴史の必然性」認識とともに根本的に誤っていると、＊私は考える。

ところで、「資本主義の全般的危機」論については、日本共産党は一九八五年の第一七回党大会で廃棄し、不破は八七年に「『資本主義の全般的危機』論の系譜と決算」を『前衛』に発表し、翌年、同名の著作を刊行した。この問題についてここで深入りすることはできないが、この不破の著作では、私が先に指摘した論点――「社会主義を実現する客観的諸条件が完全に成熟した」にはまったく触れない。「資本主義の全般的危機」論とこの認識は一体のものであるにもかかわらず、そこに触れると、問題はレーニンのこの認識についてまで批判のメスを入れることになるからかも知れない。なお、不破に先んじて、「資本主義の全般的危機」論を問題にしていた加藤哲郎も、この点では不破と同じである（『国家論のルネサンス』青木書店）。

ところで、最後の疑問であるが、なぜ、この大冊は『レーニンと「資本論」』と命名されているのであろうか。その説明がないわけではないが、『資本論』は第七巻では「あとがき」にこの大冊のタイトルとして出てくるだけで、第五巻にもただの一回も出てこないのであり、むしろ『レーニンとロシア革命』とか『レーニンと現代世界』としてもおかしくない、というより適切であろう。二節の初めで、この大冊は『エンゲルスと「資本論」』に直接つづくものと紹介したが、不破の問題意識が収斂する方向が『資本論』にあることを示している。だから、不破はこの後、ただちに『マルクスと「資本論」』に向かった。私は、そこに不破の限界があると考える。

改めて思い返すまでもなく、レーニンがマルクス研究を「真剣勝負」で遂行したのは、唯一、ロシアの現状分析と当面する革命の課題を解明するためであった。であれば、不破が為すべきは、日本と世界の現状分析とそこからの方針提起ではないのか。もとより、この課題をこのように抽象的に確認するだけなら、何の困難もなく、その内実を埋めることこそが難問なのであるが、少なくても方向はそのように設定されるべきであろう。だが、不破はそうはしない。『資本論』とマルクスのほうに向かってしまうのである。人間には得手不得手や好き嫌いがあるから、『資本論』とマルクスに熱中する人がいても悪くはないが、政治的実践の最高指導部の一員なら引退後の余暇の課題にすべきであろう。

さて、革命前のロシアでは、「ロシア・マルクス主義の父」たるプレハーノフは、トロツキーによれば「老年組」(『わが生涯』現代思潮社、上、一九七頁)とされていた。マルクス主義の造詣が深いプレハーノフは、ヨーロッパ規模で有名となっていて、マルクス主義の教義の啓蒙を主たる歴史的任務としていた。レーニンら「青年組」は、何よりもロシアの現実の変革のための闘いに没頭した。このことを思い起こすと、安易な類推は避けなければならないとはいえ、私にはどうしても「歴史は繰り返す」ように感じてしまう。いやその繰り返しのなかで、その苦闘を通して、人間は何事かを学び、成就してゆくのではないであろうか。

私は、不破哲三は私たちにとってのプレハーノフであると位置づけることができると考える。

ただ、不破にはさらに宮本顕治という大きな後見人が存在していたがゆえに、彼は今や党員四〇万人、「赤旗」読者二〇〇万人の大きな組織のトップに立っている。しかし、残念ながら、日本にはレーニンはいなかった！　だから、新左翼はいまや衰退して見る影も薄くなっている。そのことを「喜劇」と突き放して見る立場に、私たちはかりそめにも立ってはいけない。若い世代のなかから、もっと別の形で、この両方の「老年組」――事実、すでに「旧新左翼」なる言葉も生まれている――を超える道が切り開かれてゆくであろう。その一助になることが、私たち「老年組」の共通の位置と課題である。

青年レーニンが対決したプレハーノフは一八五六年生まれだから、レーニンより一四歳年長であった。私は不破より一三歳年下であるが、もとよりレーニンたろうとして生きてきたわけではないし、その条件――環境と能力――はどの点を取っても欠けていた。

正統派と新左翼党派との距離は想像いじょうに深く大きい。だが、真理は誤謬と隣り合わせで主張されることが多く、あざなえる縄のように絡み合っている。別な文脈ではあるが、不破は、レーニンの「国家資本主義」を取り上げたさいに、「こっけいな錯覚も、ある意味では、真理と紙一重のところがあります」（④三四三頁）と書いているが、この一句は「真理は誤謬と隣り合わせ」にもう一歩で近づいている。一方は真理だけ体現していて、他方は誤謬の巣と単純に二分されているとしたら、灰のなかにダイヤモンドを探る科学は必要ない。そうであればこそ、互いに虚心に相手の存在と主張を認知しあい、真理を探究し、誤謬を克服する努力を、いまこそ真剣に新しく追求しなければならない。そして、その課題の中軸をなすものは、日本と世界の現状についての分析であり、それに支えられた戦略と政策である。私の思いはただその一点にある。社会主義へ討論の文化を！

〈追記〉

脱稿後に、青木國彦から、レーニンの「社会主義再生産表式」については、すでに日本では二瓶剛男が金子ハルオなど編『経済学における理論・歴史・政策』(有斐閣、一九七八年)に書いた「マルクス再生産表式と社会主義再生産過程」で紹介していたと教えられた。二瓶は「レーニンの数字例を現実ソヴィト計画経済の土台とすることは、もちろんできず」と注に書いている(七一頁)。

Ⅱ あるべき「レーニンと市場経済」論

――不破哲三講演「レーニンと市場経済」の検討

一 中国で異例な「学術講演」

日本共産党の不破哲三議長は、〔二〇〇二年〕八月二七日、訪問先の北京で中国社会科学院の要請によって学術講演した。テーマは「レーニンと市場経済[1]」で、聴衆は約一〇〇人。

このテーマ自体は大変に興味あるもので、社会主義をなお目指す私たちにとってばかりではなく、すでに社会主義を放棄した者にとっても、あるいは資本制経済の変革は無理だと思っている人にとっても、現下の世界経済の行き詰まりを直視するだけの直感と理性が備わっている場合には、立ち止まって目を止めてもよいはずである。果たして、不破はこの問題について有益な認識を示すことができたのであろうか。

理論的な検討に進む前に、彼が日本共産党の議長であるゆえに、政治的な意味についてまず触れたほうがよい。

日本共産党と中国共産党との関係は八〇年にも及ぶ長く複雑な歴史をかかえているが、四年前（一九九八年）に対立を修復して今は友好関係にある。今回は、不破議長をトップに筆坂秀世書記局長代行、緒方靖夫国際局長などが同行し、不破議長は江沢民総書記と首脳会談を二八日に行った。中国共産党は十一月に、江総書記の去就も注目される党大会を控えている。その多忙な時期になぜ今、訪中なのかその理由は不明であるが、一〇年前の第一四回党大会で「社会主義市場経済」なるものを導入した中国共産党指導部にとって、隣国というだけではなく、資本制社会で最大の勢力を保持する日本共産党の議長が、この「社会主義市場経済」路線に親和的なメッセージを、しかもレーニンの名において表明してくれることは、党内力学にとって小さくない効果を期待できたのではないだろうか。両党の首脳会談だけではなく、まったく異例な「学術講演」がセットされた意味はそこにあるに違いない。

もう一つはっきりさせるべき要点がある。日本共産党はこれだけの力量を営々として築いてきたということである。政治的力量においても、理論的内容においてもである。今はどこにも見る影も失せたが、かつては日本にもいわゆる「中国派」がそれなりに存在していた。だが、二一世紀の今、中国共産党から招待されるのは彼らではなく日本共産党である。日本共産党の理論的能力の衰退については、私たちは一貫して批判を加えているが、それでも日本の政党のトップの指導者のなかで、不破議長ほど著作を多産し理論的見識を保持している人物が存在するだろうか。保守系の政治家に『資本論』とレーニンを読めといってもお門違いであろうが、では福沢諭吉や

『歎異抄』をテーマに「学術講演」できる首相経験者や党首がいるだろうか。学術論文を執筆することが首相や党首の条件だなどとは考えていない（ブレーンがしっかりしていればよいから）が、一定の理論的素養を保持することは、政治家の望ましい条件であろう。

いつも確認するように、批判対象が眼前にそのような形で存在していること自体の意味を吟味・反省することなく、ただ弱点だけを叩いてもそんな「批判」にはあまり意味はない。批判が真に意味をもつのは、批判対象を批判することよりも、批判対象がそこに存在する状況全体の限界を突破することにあるからである。本稿の標題を「あるべき『レーニンと市場経済』論」としたのはその意味を込めてである。

二　「資本主義市場経済」とは何か

不破は、講演の冒頭で「日本は資本主義市場経済のただなかにあります」と確認しているが、実は、この「資本主義市場経済」なる用語は古くから使われてはいなかった。だから、日本共産党の綱領にはこんな言葉は出てこない。不破自身は何時から使いだしたのであろうか。その意味の説明と合わせて知りたいところである。不破は「世界の資本主義体制」という馴染みの深い言葉も使っているが、これと「資本主義市場経済」とはどういう関係にあるのか。新しい言葉を使う場合にはその意味を説明する必要がある。だが、不破の回答を待っていると議論が進まないから、私のほうで説明しよう。

人間の社会を経済面で把握するさいに、生産物を引き換える場、あるいは機構に着目すると、そこで「市場」がその機能を果たしている経済を「市場経済」と命名する。経済は社会の基礎だと言ってもよいだろうが、「市場経済」が社会の基礎だと思うのは大きな誤りである。「贈与経済」もある。貨幣のない「市場経済」を考える人はいないだろうが、経済人類学は、人類の歴史では貨幣なき社会のほうがはるかに長かったと教えている。

生産の場面に着目すると、生産手段を所有する資本家と、労働力商品を売って働く労働者との関係によって、社会の主要な生産が実現する経済を「資本制経済」という（普通には資本主義といわれる）。そこでは生産の動機と目的は「利潤」にあり、そこでは「価値法則」が貫かれている。これらのことを明確にして強調するために、マルクス主義では「資本主義」用語を多用してきた。それに対して、「市場経済」は、労資関係を曖昧にしたい意図をこめて多用されている。ソ連邦が崩壊するまで長いあいだ、マスコミでは「資本主義世界」と言う代わりに「自由世界」と称していたようにである。

不破が「資本主義市場経済」なる新しい用語を説明もなく使い始めたのは、「社会主義市場経済」なるものを容認し、その意味を浮上させるためである。そもそもこの出発点の意図が転倒していて、邪悪なのであるが、この結論だけで終わってしまうのでは「対話」にならないから、この誤った立場からは、ロシア革命とレーニンの苦闘の意味を正しく把握できないことを明らかにしよう。

まず、この講演では、不破は、一応は「社会主義」をめざす立場を表明しているが、資本制経済をいかなるものとして把握するかという肝心のポイントがまったく不明である。不破は「生産手段」や「生産関係」については語らない。ただ一度レーニンの言葉として「工業と運輸の分野の生産手段の圧倒的な部分」が引かれ、それらを「社会主義国家が握っている」と言うが、この文脈のなかには、労働者は登場しない。一九二一年のクロンシュタットの反乱について言及しているところでも、「商業の自由」が要求されていたとは言うが、「労働者管理」が問題になったことには目をつむる。この講演では一言も「労働者管理」に触れない。明らかに、不破は、生産手段を誰がどのように活用するのかという肝心な問題を脇において隠してしまっている。

不破は、マルクスが『資本論』で未来社会でも「価値規定が残る」と、いわばなぞの一句を残していることにも留目している（私は不破より前からこの問題について論及していた(2)）。そして、このマルクスの一句から「市場経済の存続までマルクスが考えていたとおしはかるのは無理です」と注意している――これは正しい解釈である――が、そんなことよりも重要なのは、そこでは「価値法則」はどうなるのかという問題である。ところが、不破は「価値法則」について一言も触れない。

不破は今日の問題として「市場経済万能主義か、それとも社会的規制、民主的規制を確立した市場経済かという問題が、大きな争点」だと主張するが、「民主的規制を確立した市場経済」では、資本家は生産手段とどのような関係になるのか、あるいは「価値法則」はどうなるのか、ぜひそこまで突っ込んで明らかにして欲しい。

資本制経済を克服する課題にとってもっとも肝心な問題について、このように曖昧なままだからこそ、不破は安易に「資本主義市場経済」などというあいまいな用語を密輸入することになるのである。ついでながら、ここに、戦前以来の講座派の弱点があり、宇野（弘蔵）経済学の優位点がある。

講座派の弱点ということは、別言すれば古い言葉になるが「マルクス・レーニン主義」の限界ということである。私は、ソ連邦崩壊の直後に「レーニンの『社会主義』の限界」で、レーニンは「価値法則」についての認識が甘かったことを指摘し批判した。[3]『帝国主義論』を著わしたレーニンが「価値法則」についての認識が甘かったとは驚きではあるが、事実である。この論文の中身を再説してもよいのだが、つい最近、森岡真史がロシア革命直後の銀行政策に焦点を当てて、レーニンの理論的限界を鋭く切開したので、そこから学ぶことにしよう。

レーニンは一九一七年九月には「大銀行がなければ、社会主義は実行できない[4]」と傍点を付して強調したうえで、「このすばらしい機関を資本主義的に歪めているものを切り捨て、……包括的なものにつくりかえる」ことを提起し、「一片の命令で『運用する』ことができる」と、実に楽観的に主張した。レーニンは「このうえなくすらすらと急速に進むだろう」とまで書いた。だが、もちろん、現実は甘くない。わずか三カ月後には、レーニンは一転して、「銀行事業が……

数日のうちに作り替えられると考えたものは、われわれのあいだには誰一人いなかった」とウソを語ることになった。

森岡が結論しているように、問題の根本にはレーニンの「銀行」理解の誤りが横たわっている。「資本主義的経済における銀行の『全能』を、金融・信用システムの総体から切り離して、銀行の内在的な『力』とみなす錯覚[5]」に、レーニンは囚われていたのである。「銀行」理解ということは、資本制経済についての理解ということでもある。銀行は資本制経済の中枢に位置しているからである。だから、この一文の「銀行」を「市場」に、「金融・信用システム」を「資本制経済」に書き換えても、その真理性は変わらない。だから、私たちが、ロシア革命とレーニンの実践を検討することを通して新しく果たさなくてはならないのは、資本制経済についての認識の深化である。レーニンの認識の誤りと限界の突破である。

資本制経済の総体と切り離して、「市場経済」だけ受け継ぎ活用することはできない。いや、できると言うのなら、その具体的道筋を示す必要がある。

三　いくつかの重要な問題

不破は、「『新経済政策』は農民との関係の改善をめざしての探究と決断」だと評価するが、〈農業〉について正面から問題にする認識はない。ソ連邦経済の破綻を例証するくだりで、ベトナムの「農業を視察し」たさいに「農業の機械化」について不合理な「田植え機」を見たという話をしているが、「農業」が現れるのはこの二度だけである（「〝農業集団化〟」は二度あり）。不破には「工業と農業との関係」（宇野弘蔵）をいかに形成するかという問題意識が欠如している。この問題意識は、私にしてもつい最近になって論及したにすぎないが、実は社会主義経済が解決すべき大きな課題の一つなのである。ソ連邦の崩壊という巨大な負の教訓として、私たちは、〈農業〉を社会主義社会の基礎として定礎しなければならないのである。(6)

また、いつものように、不破は「くわしい青写真づくりはしりぞける、ここにマルクスの社会主義論の特質がありました」と、この講演でも繰り返しているが、仮に、一九世紀後半のマルクスの場合にはそれでもよかったとしても、それから一世紀以上も経ち、ロシア革命後の七四年の経験を重ねた今日でも同じセリフを繰り返すのは、この一世紀余の歴史がゼロであったというようなものである。

まったく何もプラス面がないというわけではない。いくつかの問題では、不破は課題の所在までは気づいている。

不破は、「市場経済」には「ほかの方式や仕組みでは間に合わせられない重要な経済的効用を持っている」として、「たとえば、需要と供給の調節という作用」をあげている。確かに、この点は重要な問題である。生産物の配給制度に頼っていたのでは、消費者の選択の自由を確保できないからである。私が繰り返し明らかにしているように、この問題は一九二〇年代からの「社会主義経済計算論争」[7]の論点の一つであった。ここでは説明は省くが、私はこの論争の整理を通して、貨幣に代わる「生活カード」と市場に代わる「引換え場」とがあれば、需要と供給との関係は把握できると提起している。[8]不破は依然としてこの論争には触らない。火傷すると気づいているのかもしれない。

不破は、「市場経済にかわって、労働の『価値』をはかるなんらかの仕組みがどうしても必要になってきます。そこには、まだ理論的に解決されていない大きな研究問題があると思います」と述べる。この認識には同意することができる。私たちは、〈協議経済〉構想において、この問題は「生産物評価委員会」によって解決できるのではないかと提起した。*

また、不破は、一九五六年の第二〇回党大会でのフルシチョフ報告を引いて、ソ連邦の経済がいかに無駄で不合理であったかを意地の悪い優等生が級友のミスを咎める調子であげつらっている。重量の重いほうが生産成績が高く評価されるなどの馬鹿らしいシステムについては、ソ連邦経済を批判的に考察していた人のなかでは一九六〇年代から常識であった。不破が三〇歳代の青年なら問題はないが、問題は、いったい何時から不破はこんなことを言うようになったのかである。例えば、堀健三『ソ連経済と利潤』（一九六六年）が出版されていたころは、まったく無視していたのではないか。本人が生きているあいだは、表面的には仲良くつきあっていて、死んだ後に、「彼奴は悪い奴だった」と悪口を言う人を、信頼することはできない。私たちは、ソ連邦の崩壊を痛みをもって総括しなければならない。レーニンらは、革命に勝利して実際に一国の政治と経済を運営するところまで前進したがゆえに、マルクスやエンゲルスは直面しなかった新しい課題に直面したのである。そして十分な理論的準備を欠いていたがゆえに大きな誤りと悲劇を招いてしまったのである。

結局、不破がこの講演で強調したのはただ一つ、レーニンは「市場経済を通じて社会主義へ」の路線を一九二一年の「新経済政策」を通して主張したという点だけである。不破は、この数年間のレーニン研究の到達点として、ロシア革命勝利後からのレーニンには理論的な「荒れ」が目立つと主張している——確かにその通りであった——が、一言でいえば「市場経済の容認・活用」と言えるこの一点だけについては批判を加えるのではなく、その後を追っている。不破は依然としてレーニンの限界のなかで、レーニンの「錯覚」をそのまま踏襲しているにすぎない。まるで孫悟空が釈迦の手のひらで遊んでいるように、言葉を弄んでいるだけである。その根底にある限界は、資本制経済についての原理的把握における歪みであり、創造的な思索の欠如である。

〈注〉

(1) 不破哲三講演「レーニンと市場経済」。日本共産党「赤旗」二〇〇二年九月四日。

(2) 村岡到「『価値・価格論争』は何を意味していたのか」。石井伸男・村岡到編『ソ連崩壊と新しい社会主義像』時潮社、一九九六年、一四七頁。

(3) 村岡到「レーニンの『社会主義』の限界」。村岡到『協議型社会主義の模索』社会評論社、一九九九年、参照。
（4）レーニン、全集、大月書店、第二六巻、九六頁、四七六頁。三つ目の一句は九六頁にはない?。注（5）、二七頁、三三頁から。
（5）森岡真史「初期ソヴェト政府の銀行政策」。比較経済体制研究会『比較経済体制研究』第九号＝二〇〇二年、四一頁。
（6）村岡到「〈自然〉〈農業〉と〈社会主義〉」『カオスとロゴス』第二二号＝二〇〇二年十二月近刊、参照。
（7）社会主義経済計算論争については、村岡到編『原典・社会主義経済計算論争』ロゴス社、一九九六年、参照。
（8）村岡到『協議型社会主義の模索』参照。

〈追記〉

・本稿執筆時には、私は不破哲三『レーニンと「資本論」』を読んでいなかったが、一読後も付け加えることはほとんどない。同書については、本書第一部の前稿を参照。

・昨年十月に、私は同じ中国社会科学院などが主催した国際シンポジウム「二一世紀の世界社会主義」に招待されて参加した。この国際シンポジウムには、インド共産党（マルクス主義）やアメリカ共産党からも参加したし、日本共産党にも参加が打診されたらしいが、参加しなかった。その代わりに、不破が単独で学術講演したのであろう。この国際シンポジウムへの参加報告は、「中国訪問による理論的反省と提起」『生存権・平等・エコロジー』参照。私は、この会議で知り合った武漢大学の梅栄政教授から、今年五月に武漢大学などが主催する国際シンポジウムに招待されたが、折からのSARS騒ぎで企画が延期されてしまった。

・本稿末尾で「資本制経済についての原理的把握における歪み」と書いたが、不破は、今年六月の第七回中央委員会総会で「綱領改定案」についての「結語」で「多くの人は、資本主義社会での賃金とは『労働におうじてうけとる』ものだと考えている」と語った。不破がそう考えているのかどうかは分からないが、無批判的にそのことを自分の主張の論拠にできるとは恐れ入ったことである（本書一七八頁参照）。

Ⅲ　マルクス批判に踏み出した不破

日本共産党の不破哲三議長は、昨年〔二〇〇二年〕来、綱領改定を視野に入れてマルクス主義の古典の解釈を中心に党内教育に力を注いでいる。昨年は一年間にわたって「代々木『資本論』ゼミナール」を開催し、つい最近も『ゴータ綱領批判』をテーマに党本部で学習会を開催した。六月の第七回中央委員会総会でも綱領改定案についての説明で、マルクスの未来社会論について論じた。「代々木『資本論』ゼミナール」の最終講義と、七中総での報告については、その都度、取り上げて論評したが、直近の『ゴータ綱領批判』論についても検討をくわえ、一つの論文にまとめることにした。前の二つは、少し補筆して再録する。それらの結論部分については、本稿のむすびに趣旨を活かして移動した。不破は、いよいよマルクス批判に踏み出すのであろうか。

一　「アソツィールテ」と言い出す

不破は、二〇〇二年十二月一六日に党本部で開かれた「代々木『資本論』ゼミナール」の最終講義で大変に興味深い話を語った（「赤旗」十二月一九日）。「『結合された生産者たち』の問題」についてである。

本題に入る前に、確認しておきたいことがある。この「代々木『資本論』ゼミナール」開催の意義についてまずは大きく肯定的評価をある種の羨望もこめてはっきりと認めたい。この講座は、党創立八〇周年を記念して、幹部・中堅活動家三〇〇人の規模で、一年間にわたって開講されたもので、講師は不破が務めた。不破自身は、最終講義で「歴史的な壮挙」とまで自画自賛している。そこまで持ち上げてよいかどうかは人それぞれであろうが、確かに日本のどの政治勢力にとっても真似のできることではない。それだけの関心・エネルギー・努力が共産党に存在していることを知っておく必要がある。

[1]「用語は発展、訳語は同じ」？

不破は、「『赤旗まつり』での話への補足――『結合された生産者たち』の問題」と項目を立ててこう語った。

《訳語は同じですが、原語では資本主義の段階の結合（コンビニールテ）と社会主義の段階の結合（アソツィールテ）とは、用語も発展させられているのです。そういう点で、『結合された生産者』というのは大事な概念なんです。》

文意についてはまことにそのとおりである。だが、だれでもすぐにちょっとおかしなことに気づくであろう。「用語も発展させられている」のに、どうして「訳語は同じです」でよいのだろうか、と。友情が愛情に変化することもあるが、両方とも「情」とだけ表現するとしたら、どうやってその変化を表すことができるのか。そんな芸当はできないから、不破は恐らく「赤旗」創刊いらい初めて用いられたであろう、「コンビニールテ」とか「アソツィールテ」なるドイツ語をかっこに入れて話すことになったのである。これからは「結合」と書くときにはいつもこの非日常的なドイツ語のお世話になるのだろうか。いずれ、こんな馬鹿らしい表現は、「赤旗」紙上で「生存の自由」が「生存権」に替えられつつあるように、後述の用語に取って代わられるであろうが、まずは、不破の認識がここまで到達したことについては大いに賛意を表しておこう。

こんな風に高飛車に書くのは不遜ではあるが、次の事情を知れば、それも許していただけるであろう。実は、この不破発言は、私の彼への批判にたいする応答なのである。

経過を説明しよう。

八月二七日に、不破は北京の社会科学院で「レーニンと市場経済」と題する講演をおこなった（九月四日「赤旗」発表）。私はただちに「あるべき『レーニンと市場経済』論」を書いて批判した（「稲妻」第三四四号＝二〇〇二年十月一〇日、ホームページでは九月一三日）。批判の一つの要点は「生産手段」の問題が欠落しているという点であった。そうしたら、十一月四日に、前記の『『赤旗まつり』での話』――「ふたたび『科学の目』を語る　代々木『資本論』ゼミナール・赤旗まつり」が一五〇〇人もの聴衆を集めておこなわれ、そこで不破は、「生産手段」について重点を置いて語ることになり、そこに「結合された生産者」が登場することになった。そこで、私は再び直ちに「『赤旗まつり』不破講演の半歩前進――再び不破哲三を批判する」（ホームページ、十一月一五日）を書いた。その核心を再現しよう。

不破は「誰が生産手段をにぎる」のかと問題を立て、『資本論』から「結合された生産者」の一句を引いて強調しはじめた。これは、三分の一はプラス評価できる前進である。問題の立て方だけは正しい。答えも半分は正しい。だが、「結合された」はいただけない。講演なので、引用頁をあげることはしていないが、この「結合された」は恐らく英語ならassociatedであり、近年おおいに議論されている問題の一句である。不破は後のほうで『フランスにおける内乱』の草稿から「自由な協同労働」を引用しているが、この「協同」も英語ならassociatedである。わざわざ不破は近年は誤訳とされている「結合された生産者」を使って、流行の「アソシエーション」という言葉に「赤旗」の読者が汚染されることを避けたわけである。（以上、引用）

これではっきりしたであろう。ついに不破は、「アソツィールテ」、慣用の英語で名詞形にすれば〈アソシエーション〉に到達したのである。

その後、『レーニンと「資本論」』を一読したら、不破は一九九九年に、『資本論』の信用論からの引用――「結合された労働の生産様式」――に際して、「結合」に「アソツィールテ」とルビをふり（④一一六頁。⑥七六頁、九二頁）、さらに、エンゲルスの『家族、私有財産および国家の起源』からの引用――「生産者の自由で平等な協同関係」――に際して、「協同関係」に「アソツィアツィオン」とルビをふっていた（④三五二頁）。だが、そこでは、「コンビニールテ」と対比することもなく、これらの言葉の意味についてはまったく説明していない。不破は、一九九三年の『科学的社会主義の運動論』でも前者（信用論から）を引用しているが、そこでのルビは「アンツィールテ」と誤植されている（二五五頁）。ルビについての説明はない。したがって、前記の私の説明は変更する必要がない。

これだけのことなら、事は私と不破との二人だけのやりとりにすぎないが、私たちが知らなければならないことがさらにある。「コンビニールテ」と「アソツィールテ」との違いに重要な意義を見い出し、鋭角的に問題提起していた先人が日本には存在していたのである。広西元信が、その人である。一九六六年、『資本論の誤訳』である。

《邦訳の一番、悪い点は、連合生産者が結合生産者と誤訳されていることです。社会主義を意味するアソシエート（連合・提携）と、資本主義を意味するコンビネート（統合）とが、同じように、結合、などという訳になっていることです。この両語を区別せずに、混同して、同じように結合などと訳す訳し方は、邦訳の最大の悪癖です。……アソシエートとコンビネート、この両語を私のように連合と統合などと訳さず、別の訳し方もあろう。前者を協会、協同、組合とか、後者を統一、統括、合一とか、いろいろの訳し方もあろう。あってもよいはずです。ただ、両語を同じ訳語、結合などと訳してはいけません。これでは社会主義と資本主義との区別が、わからないものになってしまうからです。》(こぶし書房、二〇〇二年復刻版、一四頁)。

すでに一九六六年にここまではっきりと認識されていたのである。「邦訳の最大の悪癖」とまで指弾されていたにもかかわらず、日本のマルクス主義者は例外なしにこの広西の先駆的批判を無視した。私は、すでに何度も書いているように、ソ連邦崩壊の後に、九二年夏に広西さん本人と『資本論の誤訳』に出会い、深い衝撃を受けて、直ちに、その意義を理解し、学ぶことができた*。それゆえに、前述のような批判を不破に加えることができたにすぎない。広西さんが生きていたら、苦笑しながら「そんなものだよ」と軽くいなしたであろうことを、いくらか真面目に書いているにすぎない。

私は、広西さんだけを称えたいわけではない。何事においても、先人の先駆的認識から虚心に、党派的色めがねを外して学ぶことがいかに大切かということを声を大にして主張したいのである。

[2] ソ連邦を「社会主義」と言っていたのは誰か

もう一つ、「社会主義論」についても、不破は同様の態度をくりかえしている。不破は『結合された生産者たち』の問題」の次の項目を「社会主義論では旧ソ連をどう見るかが大事」と立て、「このソ連を社会主義の現実だとする見方が、社会主義のイメージをゆがめたことは、たいへん大きなものがありましたし、理論の上でも世界的にたいへん有害な影響をあたえました」と語った。さらに「ソ連の社会体制が社会主義の反対物だったという結論を明確に出しているところは、世界の共産党のあいだでもまだ少数でしょう」などと威張っている。

これまた、私が長いあいだ主要に問題にしているところであるが、「ソ連を社会主義の現実だとする見方」を、長い期間、共産党自身が取っていたではないか。一九七七年の第一四回党大会で打ち出した「社会主義生成期」論はいったい何だったのか。当時は「目からうろこが落ちる」（上田耕一郎）と自画自賛していたこの謬論は、九四年の第二〇回党大会で撤回されお蔵入りとなったが、だからと言ってその責任が帳消しになるわけではない。

ソ連邦はなお「社会主義」ではないと、明確に主張していたのは、トロツキーを先駆とするいわゆるトロツキストであり、そこに新左翼の存在理由の一つがあったのである。何度も引用しているが、トロツキーは一九三六年に執筆した『裏切られた革命』で、「空想の翼をどんなに勝手に広げて見ても、マルクスやエンゲルスやレーニンが描いた労働者国家の輪郭と〔ソ連邦の〕国家との間の対照のように甚だしい対照を想像することはできない」ときっぱりと批判したのである（論争社、一九六二年、五七頁）。

しかも、後段の「ソ連の社会体制が社会主義の反対物」という認識は半分は誤りである。この小論では論及する余裕はないが、これでは、一九一七年のロシア革命とその後の社会主義をめざしたさまざまな苦闘を清算主義的に切り捨てることになるからである。だから、不破は、私が前記の論文で指摘したように、例えば「社会主義経済計算論争」の検討には決して進まないのである。

さらに、その次の項目で「価値法則」について、「価値法則も歴史の産物であって」とつぶやいているが、北京での講演でも赤旗まつりでの講演でも今度の講義でもそれまで「価値法則」の四文字は一度も発音されたことがない。これまた、私が前記の批判で明確にすべきだと教示しておいた論点である。

二 「必要に応じた分配」への疑問

[1] 「あふれ出る富」の問題

不破は、今年六月の第七回中央委員会総会で綱領改定案を提案する報告のなかで、「未来社会」についての部分で次のように語った。

《なお、つけくわえて言えば、マルクスがのべた共産主義社会での分配論にも、単純には絶対化するわけにはゆかない問題点があるように、思います。

マルクスは、共産主義社会の低い段階では、生産物の量に制限があるから、なんらかの分配の基準がいる、それには、「労働におうじて」の分配という方式がとられるのが普通だろう、しかし、この方式では、いろいろな実態的な不公平が避けられない、こういう調子で議論をすすめます。

そこから、この不公平を乗り越えて、各人が必要なだけの生産物を自由に受け取れるようになるためには、「協同的富のすべての源泉」から、生産物が「いっそうあふれるほど湧き出るように」なることが必要だ、生産がそこまで豊かに発展することが、高度な共産主義社会にすすむ条件の一つになる、こういう議論が、二段階論の重要な柱の一つになっています。

しかし、すべての源泉からあふれるほどに生産物が湧き出るから、「必要におうじた」分配が可能になる、ということは、人間の欲望の総計を超えるような生産の発展を想定し、そのことを、共産主義の高度な段階の条件にする、ということです。はたして、そのような段階がありうるか、人間社会のそういう方向での発展を想定することが、未来社会論なのだろうか、ここには、私たちが考えざるをえない問題があります。

すでに、一九世紀に生きた人びとの日常生活と現代人の日常生活をくらべるなら、生活の必要な物資の総量の違いには、ケタ違いの格差があります。しかも、人間の欲望は、今後の社会的な発展、科学や技術の発展とともに、想像を超える急成長をとげることが予想されます。その時に、簡単に、人間の欲望を超えて「あふれるほど」の生産、あるいはありあまるほどの生産を、未来社会の条件として安易に想定することは、それ自体が、未来社会論に新しい矛盾を持ち込むことになりかねません。》

長い引用になったが見てのとおりきわめて慎重な言い回しではあるが、とにかくマルクスの未来社会論、なかんずく生産力の発展論について、大きな問題があると、不破は指摘した。不破は、一九九七年に連載を開始して、翌年から三年かけて刊行した全七巻の『レーニンと「資本論」』いらい、レーニンへの批判を強調しているが、マルクスに対してはほとんど批判を口にしたことがなかった。だが、今、ようやく不破はマルクス批判に踏み出したかのようである。

ところで、三年前に「赤旗」で、「レーニンはどこで道を踏み誤ったのか」などと刺激的な大見出しで、不破が正月からけたたましくレーニンを批判したものだから、朝日新聞社の『アエラ』がびっくりして「不破氏の今どきレーニン批判」なる記事を書いたことがあった（二〇〇〇年一月三一日号）。取材を受けた私は、レーニンを厳しく批判する「この路線を徹底させるなら、マルクスについても、どこが間違っていたか評価しなければならなくなる。自分たちの過去の発言が、誤りだったと認める必要もある」とコメントした。このコメントの後ろで、不破は「科学の目から、マルクスが言ったことでも、今の時点で間違っていることは遠慮なく批判します」と答えた。

答えたと言っても、もちろんこのやりとりは記事を書いた記者（森川愛彦）が構成したもので、直接の応答が成立したわけではないが、いわば間接的には対話したことになる。それから、いくら待ってもマルクスへの批判的言及は聞こえてこなかったのであるが、ついに、不破もマルクスへの批判を口にしたわけである。

これだけのことであれば、わざわざ一文をものすることもないのであるが、ここで不破がようやく取り上げている問題については、私はすでに二四年前に、そこには大きな問題があることを明らかにしていた。私は「ソ連邦論の理論的前提と課題」と題する論文を、当時所属していた第四インターの機関紙「世界革命」に発表した（最初の著作である『スターリン主義批判の現段階』稲妻社、一九八〇年に収録）。

《われわれに問われているのは〈人間と自然〉のあり方なのだ……。ただ生産力が増大すれば万事解決するというわけではない。これまで、この点と関連させて問題とされてはいないようであるが、マルクスは『ドイツ・イデオロギー』で周知のように、生産の四つの契機の一つに〈欲望〉をあげていた。となると、人間の「豊かさ」の充足は絶対にありえなりないことにはならないのか。生産の増大にともなって欲望もまた増大するからである。この点からも、核心的問題は生産の量でなく、質であるという視点を、われわれは改めて理解しなければならないのでないだろうか。》（一八六頁）。

この一句を、私は『社会主義とは何か』（稲妻社、一九九〇年）でも引用した。

さらに一九九四年に私は、「『労働に応じた分配』の陥穽」（『協議型社会主義の模索』に収録）で、この通説を根本的に批判した。さらに、社会主義経済計算論争をフォローするなかで、オーストリアのクルト・ロートシルトが「成長と生産および消費の不断の拡大とは、社会主義の究極目標ではない」（C・H・フェインステーン編『社会主義・資本主義と経済成長』筑摩書房、二一〇頁）と明らかにしていたことを知った。

この問題は、マルクス主義の限界の急所をなしているのではないか。ともかく、不破がここまで気づいたことは大きな前進である。ここまで認識したのであれば、「綱領改定案」になお記されている「物質的生産力の新たな飛躍的な発展」も問い直す必要がある。

マルクスの『ゴータ綱領批判』での「分配」問題の理解についてては、さらにもう一つの問題があるのだが、不破の関心はそこには向かないようである。不破は、生産関係こそ重要という方向にのみ話を展開しているが、そのことを前提したうえで、「分配」問題も独自に重要であることを認識しなければならない。一九二〇年にミーゼスが提起した「社会主義経済計算論争」はそのことを教えていたのである。この点は、この間、しつこく主張しているので、ここでは繰り返さない（村岡到編『原典・社会主義経済計算論争』ロゴス社）。

さらにもう一つの問題は、不破が「協同的富」と訳している、富に付けられている形容句の意味という問題があるが、この点も前に論じたことがあるので、ここでは指摘だけに留める。*

このように、一度、マルクスにも問題はなかったのかと鋭角的に問題を立てることができれば、私たちははるかに遠くまで反省を深め、マルクス主義を超えてすすむことが、社会主義を目指すものにとっての焦眉の課題であることが理解できるであろう。

〔2〕「労働者階級の権力」を捨てた不破

もう一つ、不破が今度の「綱領改定案」で新しく提起している重要な問題がある。「労働者階級の権力」の問題である。「労働者階級の権力」は従来、マルクス主義の根本教義であり、共産党の綱領でも「社会主義」の核心として位置づけられていた。

不破は、報告のなかでこの用語を捨てたことを明らかにしたが、そのことはマルクスとはどのように関係しているのであろうか。周知のように、「労働者階級の権力」を強調したのは、「プロレタリアート独裁の承認」こそがマルクス主義者の試金石だと主張したレーニンである。だが、マルクスにも類似の認識はなかったのであろうか。言うまでもなく『共産党宣言』には「労働者革命の第一歩は、プロレタリア階級を支配階級にまで高めることである」という有名な一句が書かれていた。レーニンは『国家と革命』でこのマルクスを引用したうえで「労働者階級の権力」を強調したのである。

マルクスはまた、『フランスにおける階級闘争』では「ブルジョアジーの転覆！　労働者階級の独裁！」を「革命的スローガン」として肯定していた（岩波文庫、六三頁）。

したがって、不破が「労働者階級の権力」を捨てたということは、『共産党宣言』いらいのマルクスとマルクス主義の根本的教義を放棄したことを意味するはずなのである。

『共産党宣言』にはこんな一句もあった。「近代の国家権力は、全ブルジョア階級の共同事務を処理する委員会にすぎない」（国民文庫、二九頁）。また曰く「法律、道徳、宗教は、プロレタリアートにとっては、背後にブルジョアの利益を隠しもったブルジョア的偏見である」（四一頁）。これらのいわば階級的認識もその当否が根本的に問われている。このように考えたマルクスは、もっぱら経済分析にのみ傾斜して、法（律）の諸問題を真正面から考察することができなかったのではないか。そして、不破もまた三時間にも及ぶ「報告」のなかで一度も法や法律について触れようとはしなかったのである。

私自身について言えば、二年前から〈則法革命〉を提起してきたが*、「労働者階級の権力」に問題があったことについては、ようやく今春になって気づき反省し改めた（オルタ・フォーラムQ編『希望のオルタナティブ』所収の拙論）。

三　「『ゴータ綱領批判』の読み方」について

不破は、二〇〇三年八月一八日、党本部で「『ゴータ綱領批判』の読み方」をテーマに学習会で講義した。『前衛』十月号に資料とも七七頁を使って報告されている。不破は何を明らかにしたのか、簡単に検討しよう。

[1] 「協議した計画に従って」への着目

この小論のバランスを欠くことになるリスクを承知のうえで、まずは次の文章を紹介したい。

《最後に、目先を変えるために、共同的生産手段で労働し〔「協議した計画に従って」――フランス語版での挿入〕自分たちの多くの個人的労働力を自覚的に一つの社会的労働力として支出する自由な人々の連合体を考えてみよう。》

マルクスの古典に造詣の深い人なら、テーマが『ゴータ綱領批判』だというのに、なぜ『資本論』の引用から始まるのだ、といぶかしく思うだろう。不破がこの文章をこのような形で引用――もちろん冒頭からではない――したから、私はバランスを犠牲にしてもまず初めに重引したのである。なぜか。

初めに断らなくてはいけないが、文中の〔　〕は私のものではなく、不破の筆である。実は、『資本論』フランス語版のこの一句については、私が一九九七年に「『計画経済』の設定は誤り」で光を当てたことがあった。私はこの一句にヒントを得て、従来の「計画経済」に代わる〈協議経済〉（＝「協議した計画経済」）を創案した。* 周知のように、長いあいだ、マルクス主義陣営ではソ連邦でも日本でも『資本論』フランス語版は無視・軽視されていたのである。

だが、不破は折角、「協議した計画に従って」を引用しながら、この一句の意味についてはまったく一言も説明しない。通常、引用文に引用者が挿入を加える場合は、後の論述でその意味を説明するのが常識である。何の説明もほどこさないのなら、わざわざ挿入する必要はない。しかも、不破は引用文中の「自覚的に」のほうは説明はしないが、くりかえし使っている。だが、実はフランス語版ではこの「自覚的に」は削除されている。マルクスは「自覚的に」を削除して、「協議した計画に従って」と書き加えたのである。だから、わざわざ「フランス語版での挿入」と書き加えるのであれば、そのフランス語版では削除されている「自覚的に」を使うのは不整合である。引用にさいして、「自覚的に」のところに〔フランス語版では削除〕と表示すべきである。

いや、不破は、フランス語版では「自覚的に」が削除されていることを見落としている。「マルクスは、フランス語版で、一つの語句〔「協議した計画に従って」：村岡〕を追加した以外には、未来社会の分配方法についてのそこでの叙述になんの変更もくわえていません」と言い切っている。私は、ドイツ語版もフランス語版も読めないから、邦訳に頼るしかないが、江夏美千穂・上杉聰訳のフランス語版では、前記引用の冒頭の「目先を変えるために」も削除されている（法政大学出版局、五四頁）。ここは文意には関係ないから無視するとしても、本稿では引用を省いた数行先に書いてある「労働時間の社会的計画的配分は」が、フランス語版では「社会内での労働時間の配分が」と書き換えられている。「計画的」がなぜかは不明だが、落ちている。重箱の隅にこだわるつもりはないが、「なんの変更もくわえていません」と強く言われると、そうではないと一言する必要が生じる。それにしてもなぜ不破は「協議した計画に従って」をわざわざ書き加えたのであろうか。テーマが『資本論』研究であれば、言及しても不思議ではないが、まったく唐突としか言いようがない。不破が用いている『資本論』の新訳ではフランス語版も数多く訳補の形で取り入れられているが、この部分については無視している。

ついでながら、前記の拙稿でも指摘したように、林直道の『フランス語版資本論の研究』（大月書店）でも、この問題の一句については、まったく何の注意も払われていない。

まさか、不破が私の〈協議経済〉を宣伝するために書いたわけではないであろうが、この一句が『前衛』に登場したことは実に喜ばしいことである。

〔2〕不破講義の大意

さて、まっとうなスタイルにもどって、不破の今回の講義を検討しよう。まずは、講義の大意を確認する。

不破は冒頭で、この講義の「主題」は「二つ」あると説明している。「第一は『ゴータ綱領批判』をどう読むべきか」で、「第二はこれまでの国際的な〝定説〟……がどのようにして生まれてきたか」にある。不破は「国際的に教科書的な〝定説〟となっていたとらえ方をくつがえす」と意気込んでいる。

不破は「一　未来社会論とマルクス、エンゲルス」で、近年に不破が強調している「㈠科学の目」なるものを強調し、マルクスは「未来社会の詳細な青写真を描くことは決してしませんでした」と繰り返し説いている。次に、「分配論でも原則的立場は同じ――『資本論』の場合」と項目を立てて、そこで、冒頭に引用した『資本論』第一部第一篇の商品論から引用して、それを解説する。さらに「一八九〇年にエンゲルス、未来社会の分配論を論じる」の項目で、エンゲルスが『ゴータ綱領批判』の「二段階発展論」を再説しなかったことを指摘する。

次に「㈡『ゴータ綱領批判』の読み方」で、『ゴータ綱領批判』が書かれた背景を簡単に説明し、丹念に原文を「逐条的に読んで」解説する。その結論は、問題の「労働に応じた分配」と

「必要に応じた分配」「への発展論は、この時点〔一八七五年〕での試論とみるのが適当ではないか」というものである。他にも国家論などにも触れている。

「二　国際的な〝定説〟はどのようにして形成されたか」では、『ゴータ綱領批判』についての、『国家と革命』でのレーニンの解釈に最大の出発点があ」るという「結論」から論述を始める。不破が「試論」と見るものをレーニンは「最高の到達点だと思いこん」だと強調する。そして、「分配論中心の共産主義論は、社会主義建設の路線をゆがめた」とレーニンを批判し、さらにスターリンが「ソ連社会美化の道具だてに」使ったと明らかにする。

「三　未来社会論での今回の綱領改定案の意義」は、わずか二頁の確認にすぎない。

この講義の他に「資料」として、『国家と革命』の第五章全文とマルクスのバクーニン論が納められている。

外形に関することではあるが、『前衛』に資料として、マルクスのバクーニン論はともかくとして、『国家と革命』の第五章が全文掲載されているのには呆れた。今や『前衛』の読者は、『国家と革命』も所持していないと予想・前提される時代になったのであろうか（販売にもマイナスではないか）。党幹部が参加者である学習会でも資料として配付されたとも紹介されている。そんなことに頁をさくのなら、この学習会での質疑を一つでも紹介したほうがよいだろうが、恐らく内容ある質疑はなかったのであろう。そして、外形は内実を反映することが多いのも「唯物論的現実」である。

〔3〕いくつかの問題点

次にこの講義をいかに評価すべきかについて、明らかにする。

まず全体的には、大きな問題はなく、不破がここまで明らかにしたことはよいことであり、共通認識にすべきである。私がこのように書くのは、実はすでに私は一九九四年に「『労働に応じた分配』の陥穽」で、この問題についてマルクスの誤りを切開し、〈生存権〉に立脚する、新しい社会主義論を提示していたからである。

不破の説明にさらに加えれば、「労働に応じた分配」がソ連邦の官僚の特権を正当化する理論的根拠とされたことのほうが重要である。この点については、伊藤誠が指摘している（『現代の社会主義』講談社学術文庫、九〇頁。『市場経済と社会主義』平凡社、七六頁）。私が前稿で明らかにしたように、ソ連邦では、当初の「平等賃金」体系を廃棄するテコとして、この定説がスターリンによって活用されたのである。どの著作だったか失念したが、父親の貧しさを訴えた少女にたいして、「労働に応じた分配」に因るのだと恫喝する官僚の話を読んだことがある。

「分配問題」については、抽象的なレベルの問題もさることながら、これまた現実の経験の総括と教訓が必要なのである。この問題は、すでに私は「『労働に応じた分配』の陥穽」で論じているので、ここでは不破になぜ「社会主義経済計算論争」の検討を課題にしないのか、と注文するだけにする。

この論点に関連して、不破は「主として人間の消費生活の側面から未来をとらえるという一面性」などと批判しているが、彼自身が『レーニンと「資本論」』第一巻では「消費の領域での巨大な変化」（①三二五頁）にだけ注意を向けていたではないか。さらに、なによりもこの講義でも依然として「生産力の躍進的な発展」を未来社会論の要点にしている。だが、「生産力の躍進的な発展」の是非が根本から問われているのである。

ところで、不破は『国家と革命』からの引用にさいして、「記帳」「計算」「手形割引」「在庫調べ」など多義的な意味をもつ「ウチョート」というロシア語をわざわざ「記帳」に「統一することにし」たと断っている。レーニンの社会主義論を無理矢理に「記帳と統制」論に絞り込みたいからであるが、結果として「経済計算」に意識が向かわないように作為したことにもなる。

不破は、お得意の未来社会の「青写真」反対論をしつこく論じているが、今回は「詳細な青写真」と限定句を付けているのが特徴である。九年前の綱領の部分的改定の際には、「われわれは、未来社会の青写真づくりをこととするものではない」（『前衛』大会特集号、一二二頁）と強調し、『レーニンと「資本論」』でも「マルクスは社会主義の青写真を描いたことは一度もなかった」と、注にレーニンを引いて強調していた（③三六九頁）が、ここでは「詳細な」と限定している。項目は「青写真主義をいましめるいくつかの文章――マルクスの場合」「同――エンゲルスの場合」と立てられている。普通、「××主義」とは、その××を中心にしたり、それだけにこだわることを意味する。だから、行き過ぎだと注意され批判されることになる。雨になるなら傘の用意が必要だから、日和を見ることは悪いことではないが、ほんの少し雨の兆候があるだけでもハイキングは中止する日和見主義は非難されるようにである。だから、「青写真」の必要性を「青写真主義」にまで逸脱させるなら、それは批判されて当然である。そもそも「意識性」にこそ「人間の類的本質」を見るマルクス（『経済学・哲学草稿』）が、未来社会の青写真をまったく否定したり、不要なものと考えるはずはないのである。問題はその描き方にあるのである。

こんな当然のことに紙数をさくのではなく、マルクスの時代から一五〇年も経って、ロシア革命をはじめとする少なくない経験のあとで、マルクスの「青写真」とその後の現実とを総括することこそが求められているのである。理念は現実との往復によって深化する、とユーゴスラビア研究者の岩田昌征が書いていた（『現代社会主義　形成と崩壊の論理』日本評論社、第一章）。

『ゴータ綱領批判』について、不破は「内部的な忠告の書だった」と強調しているが、半分は正しいが半分は誤りである。「内部的な忠告」であったことは周知と言ってよいが、「書」と言えるものだったのか。不破も著作とまでは書いていないが、数人の幹部に回覧されただけの文書だった。それよりさらに重要なことは、この文書は、「ゴータ綱領草案」への批判だったという点である。マルクスのこの批判が活かされて、ゴータ大会で決定された「綱領」ではいくつも修正された。だから、本当なら、この決定された「ゴータ綱領」への批判も必要なはずであり、「ゴータ綱領」決定後に「草案」への批判がクローズアップされるのもおかしなことである。

また、不破は、当時のドイツの党の事情については説明しているが、「労働全収益権論」について、『労働全収益権史論』の著者アントン・メンガーについてさえ言及しない。少し視野を広げれば、生存権の歴史的意義と経過についても知ることができたはずである。*

最後に、不破は綱領改定の意義を説いて講義を閉じるにあたって、「大胆に明らかにしています」などを見栄を切りながら、次の四点を挙げているが、その表記の仕方がいかにも不自然である。四点とは、略して紹介すると、資本主義時代の価値あるものの継承、国民の合意の必要性、生産手段の社会化、市場経済を通じて、であるが、各項目の頭には「――」が付けられているだけで、第一、第二でも、①②でもない。前の二つと後の二つは次元が別であり、後者を普通に叙述すれば、「第一に生産手段の社会化、第二に市場経済を通じて……」となるほかない。なぜそうしないのか。綱領改定案での叙述がそのように整理されていないこと、さらに、分かりやすく説くには「第一に生産手段の社会化、第二に市場経済を通じて……」とすべきだと私が注意した（本書一七五頁）からであろう。ともかく、この重要な論点・問題をめぐって、不破はまだ思案中なのである。

このように、今回の不破の講義は、従来の定説の検討に着手して、そこから脱却しつつあることについては大きくプラスに評価できるが、なお不徹底であることを免れていない。

このように、私たちは、不破の講演など、最近の不破の新しい理論的探究について検討を加えてきたが、さらに不破に望みたいことがある。不破は近年、「科学の目」なるものを強調しているのであるが、そうであれば、研究対象と自分だけが存在しているかのごとき姿勢はやめたほうがよい。そのあいだに存在する既出の研究から学ぼうとしないのは、不破の一貫した非科学的思考である。さらに、ぜひとも「科学の目」に「党派的色めがね」を外すことを加えてほしいと切望する。

そして、さらに一歩、だが決定的な一歩を進める必要がある。今や、マルクス主義を超えて社会主義を基礎づけることが課題なのである。もともと、「社会主義はある特定の世界観に結びつくものではない」のである（グスタフ・ラートブルフ『社会主義の文化理論』みすず書房、一二三頁）。

〈追記〉

「労働に応じた分配」問題については、青木國彦が一九九二年に『体制転換――ドイツ統一とマルクス社会主義の破綻』（有斐閣）の第二部で優れた考察を明らかにしていたことを最近になって知った。ただ、私としては、青木がマルクスにならって「需要と供給の事前的一致」（三一八頁）を経済運営の前提要件として強調する点には異論がある。私は、経済はルーズであってもかまわないという理解が必要だと考える。

第二部

日本共産党の現状と綱領改定

I　日本の政治における共産党の位置

私自身が長い間そうであったように、新左翼のほとんどの党派は、「ソ連邦（共産党）はスターリン主義であり、反革命だ」という断罪がまずあって、そのうえで「日本共産党はその日本版としてある」と考えてきた。前者の命題の歴史的射程がどの程度のものであったかも問われなくてはならないが、ここではそのことは括弧に保留して、後者の命題について反省することから始めよう。

新左翼は、「日本共産党はスターリン主義の日本版としてある」と考えて、その「反革命」の例証を個々の事例のなかに探し出して断罪してきた。もちろん断罪に値する誤りや失敗も少なくなかった。また、確かに日本共産党はコミンテルン日本支部として誕生したわけだから、「日本版」という側面があることは事実ではある。だが、ソ連邦で生まれた牛や馬の種親が、日本に輸入されてその仔を生むのとは話しが違う。どれほどコミンテルンに影響されたにしても、日本共産党は日本人によって創られたのである（在日朝鮮人の共産主義者を無視してよいわけはないが、それは別次元の問題である）。だから、安易に「スターリン主義・反革命」などとレッテル貼りするだけでは、日本共産党の真の姿を捉えることはできない。ソ連邦崩壊から一〇年余も経って、ヨーロッパの共産党が軒並み衰微しているのに、なぜ同じ「スターリン主義・反革命」のはずの日本共産党だけは組織の骨格を維持しているのか。その違いはどこから生み出されているのか、と問えばよい。

このように問うことさえできれば、日本共産党は、日本社会の何を体現し、政治においてどのような位置を占めているのであろうか、と問題を立てることになる。ここまでは気づいたが、さて日本社会とはどのような社会なのか、と考えると、日本学についても社会学についても私には何の素養もない。共産党の文献をいくら読んでも、このような問題意識はきわめて希薄である。付け焼き刃でペンを浪費しても――というよりパソコンのキーを叩いても、恥をかくことにしかならないから、次の三つの側面から共産党の特徴はどこにあるのかについて少し明らかにしよう。①組織的拡がり、②組織の資質、③組織の理論的内実、の三つである。

一　組織的拡がり

まず、共産党の勢力がどの程度のものなのか、簡単な数字で見ておこう。

丁度三〇年前に、日本共産党は第一二回党大会を開催した。一九七三年、当時は共産党は上げ潮の時期にあり、この大会では、「民主連合政府綱領についての日本共産党の提案」を採択した。

「革新三目標」を掲げ、七〇年代末までに実現すると展望していた。この提案はパンフレットになり百数十万部も販売された。党勢については、「宮本顕治委員長のあいさつ」で次のように自信に満ちて報告されていた。三年前の「前大会より約二〇パーセント増の三十数万の党員、六〇パーセント増の二百八十数万人の機関紙読者、二倍以上の国会議員数〔衆院に四〇人、参院に六人〕、六〇パーセント増となる二千七百名以上の自治体議員という党史上最大の組織勢力をもって、この大会を迎えることができた」と（『前衛』大会特集号、一三頁）。この時期には沖縄人民党の合流を実現し、他方では一年前に「新日和見主義分派」が発生し、全学連指導部などが批判された。

この大会からさらに一二年前、一九六一年に第八回党大会が開催され、現綱領の源基である六一年綱領が決定された。この時の党勢は、党員八万人、「赤旗」三五万人、国会議員は衆院に三人、参院に一人であった。

そして今日、第二三回党大会を控えた今、党勢は党員四〇万余、「赤旗」二〇〇万近く、国会議員は衆参ともに二〇人、地方議会議員は約四二〇〇人である。なお、党勢のピークは一九八〇年で、党員は四四万人、「赤旗」は三五五万人と記録されていた。

なお、地方自治体の各種選挙では共産党が立候補することによって無投票当選が避けられている事例が少なくない。このことは、民主政の主要な機会である選挙を多くの人が共産党によって保障されていることを意味する。

八〇年代には国会内では蚊帳の外に弾き出され、国会運営では不当にもいつも不利な扱いを受けてきたが、九三年の自民党単独政権の崩壊以後は、連立の時代になったこともあり、国会内での位置は改善されつつある。社会党が解体――社民党と新社会党へ――したなかで、共産党は野党らしい野党としていわば唯一の革新の党として活動している。国会での活動では、例えば、労働者を過酷な条件で働かせているサービス残業の一掃――一六〇万人の雇用が創出されると言われている――をめざして、初めてこの問題を取り上げた七六年いらい二〇〇回も質問し、二〇〇〇年には「サービス残業根絶法案」を提出した。

党の本部は、敗戦直後に党を再建していらい東京・代々木に所在し、ここから党内外で「代々木」と呼称されている。全国の都道府県に党の事務所を設置し、昨年は総工費八五億円（第二期も含む）をかけた一二階建ての本部ビルを建設した（第二期進行中）。中央委員会で扱っている政治資金は二〇〇二年には、収入総額が約三三四億円で、二二九億円の自民党よりも多い（民主党は一〇七億円、公明党は一五四億円、社民党は三四億円である）。なお、共産党は受け取りを拒否しているが、「政党助成金」が各党に配分されており、同年には自民党一四五億円、民主党八六億円、公明党二九億円、社民党一八億円となっている。ついでながら、共産党が受け取りを拒否している分は他の党に追加配分されており、一度は受け取ってＮＰＯにカンパするなどしたほうがよいと、私は考える。

党の年齢構成や階層分布、地域的な比較については、共産党は資料を公表していないので知ることはできない。高齢化していることは歴然であり、「赤旗」の毎日の配達なども高齢者に依拠している部分が増えている。最近の党主催の集会の報道写真には高齢者の顔が多い。大会でも青年層の組織化についてとくに重点を置くように指導している。大会によっては階層分布を示すこともあったが最近は公表していない。地域的に、どういう地域で根づき、逆に根づくことが困難なのか、調べれば、分かることもあるだろう。過疎化が進行する農村で、共産党員の首長が何人か誕生しているのは注目すべき動向である。

青年の組織として民青(民主青年同盟)がある。「民主青年同盟の目的」には「日本共産党のみちびきをうけ、科学的社会主義と日本共産党の綱領、一般的民主的な教養をひろく学び」と明記されている。最盛期には同盟員二〇万人(七三年)にまでなったが、現在は二万三〇〇〇人に激減している。

統一戦線組織と位置づけられてはいるが、他の政党や潮流がほとんど参加していないので、共産党のいわば外郭団体とでも言えるものに、八一年に結成された全国革新懇がある。「生活向上、民主主義、平和の三つの共同目標」をかかげ四五〇万人が参加。別に役員などもほとんど重なっているが、「非核五項目」をかかげて八六年に結成された非核政府の会もある。この二つの全国組織にはその中央機関に共産党の幹部も入っており、共産党の影響が強い。平和運動では原水協が毎年夏に原水爆禁止世界大会を開催している。

共産党と友好的な関係にある諸分野の組織を見ておくと、労働運動では全労連、医療では民医連、弁護士では自由法曹団が活動している。労働者の組織率は二〇％近くに低落し、連合が七一二万人に対して全労連は一三九万人。「労働組合の党からの独立」を主張していたことが裏目に出て、近年は党の指導は弱まっている。また、一九五三年に結成された全日本民医連（全日本民主医療機関連合会）は全国に一五〇〇カ所あまりの施設を拡げ、職員も一日の外来患者数でも日赤とほぼ同様の規模である。民医連の本部は、全労連と同じビルに所在している。日本の医師の数は約二五万人だが、民医連の医師は約四〇〇〇人。さらに、自由法曹団は、全国の弁護士の八％にあたる約一六〇〇人を組織している。文学関係では今年の大会で名称を民主主義文学会と変えた民主主義文学同盟が共産党と近い位置にある。

もちろん、民医連も自由法曹団も共産党の組織ではないが、関係が深く影響が強いことは周知のとおりである。社会的な弱者の味方であることをその初心にしているはずの医師や弁護士の世界で、共産党の影響が強いのは、この党が日本社会のどこに依拠しようとしているのかを示していると言ってよい。

大学人や研究者の世界では、会員七〇〇〇人の日本科学者会議があり、学会によっては一時は共産党の影響がある程度ひろがっていたこともあったが、近年はどの学会でも関係はきわめて薄れている。「赤旗」で学会の動向が報告されることはほとんどない。

このように、共産党は全国のさまざまな地域と階層、さまざまな要求と課題を担う組織のなかに一定の影響を拡げている。なお、拡がりが小さいとは言えるが、解体してしまった社会党に比べても地道な活動が実を結んでいる。

共産党の綱領や主張について、その弱点や誤りを指摘することはそれほど難しいことではないが、人を集め、組織を創ることは自分で実践してみればすぐに分かるが、きわめて困難で、膨大で細心な努力を必要とする。したがって、共産党がこれだけの組織的影響力を築きあげてきたことについて、しっかり認識することが重要である。このことに考え及ぶことのない批判は、よしそれが正しいとしても半分の意味しかない。もちろん、まったく党活動に参加しなくても、何かの主張の誤りに気づくことはできるし、そのことを指摘する権理はあるが、重さをもたないことを理解したほうがよい。

二　組織の資質

次に、共産党の組織の資質について考えてみよう。

共産党は、貧困を基礎にした、真面目な人びとの集団である。彼・彼女らは、乱暴や非日常的なことを敬遠する。自律して自主的というよりは、上意下達を嫌うことは少ない。私の家に前に「赤旗」を配達していた老人は、「わしは共産党に入っていたから犯罪に走ることもなく女遊びもせず生きてこれた」と話してくれたことがあった。このような真面目な労働者に、「社会主義を説明できるか」と問い、その答えが不十分だからとあげつらっても意味はない。党中央の役員がこの質では困るであろうが、このような労働者と深くつながっていなければ、社会に根づくことはできない。

「民権」の訳語をめぐって、民に権理があるとは何事かと戸惑い反発するのが、明治維新＝明治革命期の為政者の法文化だったのであり、法治より人治が幅を効かす日本では、「長いものには巻かれろ」が無難な生き方なのである。確かに、共産党の党員は戦前には戦争と天皇制に敢然と反対する点では、弾圧にもひるまない強固な信念を堅持した。この点では孤立を恐れない強靭な革命的精神を発揮したのであるが、政治的信条の転換は、日常的習慣の変更よりも楽であり、政治的立場が左翼になったからといって、日常生活では妻や子どもに対して暴君である例は少なくない。そして、組織というものは、理論だけの抽象的結晶ではなく、生身の人間の集団であり、左翼組織といえども日常的慣性に強く縛られる。日本社会の平均的様相から超絶して、高い水準の組織を形成することはできない。敗戦直後の混乱期には、「徳田（球一）家父長制」などという言葉もあったが、獄中一八年の威光のほうが、民主的ルールよりも勝っていたのである。

したがって、共産党の組織が依然として古い体質を残しているのは、逆に言えば、それだけ社会に根づいているからなのである。それでも意識的な方向としては、共産党は古い非民主的な傾向を克服する努力を重ねている。宮本顕治は前記の「徳田家父長制」を打破して、党の民主的運営に努力した。彼が規約や形式を重んじるのはそのゆえなのである。七二年に新日和見主義分派問題のさいに除名になった中央委員の広谷俊二が、私に自分の査問会議の様子を話しながら、宮本が形式に従う人だと教えてくれたことがあった。相手を快く思っていない人の話だから信憑性がある。この宮本の公正さは、一九五四年に起きた新日本文学会での分裂に関連して、袂を分かつことになった花田清輝を後年、批判した際に、最後に「彼がなお一つの公的機関（『新日本文学』）の代表者としての一定の公正さを保持しようとしていたというそのときの印象まで、消し去ろうとは、私は思っていない」（「離反者たちの共産党論議」『わが文学運動論』二七二頁）と書き留めているなかにも貫かれている。

だが、この古い体質を顧みることなく、むしろ助長する傾向のほうが社会全体としてはなお強い。共産党の言葉でいう「反共風土」である。単に被害者意識からではなく、事実として「反共風土」はきわめて強固である。地方ではなお、選挙で共産党の候補に投票することは身震いするほどの危険なことと意識している高齢者が少なくない。「アカには近寄るな」の意識である。戦前の治安維持法による弾圧の歴史はなお尾を引いている。だから、一九七〇年に自民党の幹事長田中角栄は「赤軍派は共産党内の過激派」と公言できた（『日本共産党の七十年』上、四〇〇頁）のであり、それをとんでもない発言とたしなめるマスコミはなかった、公明党は今日でもその種の謀略ビラを選挙のたびに大作戦として展開している。有効性を発揮する土壌が残されているからである。

公安警察による弾圧も見逃すことはできない。党大会は、七七年の第一四回党大会からは党が管理している伊豆学習会館で開催されているが、公共の施設を会場にしていたときには何回も盗聴装置が発見された。党の本部の人の出入りが盗撮され、幹部の自宅が電話盗聴されている。盗聴にかかわった現職の警官が裁判の進行中に自殺する例も起きている。七〇年には創価学会が宮本委員長宅の電話を盗聴し、七三年には右翼暴力団員が宮本委員長を襲撃した。このような不当な事件が起きても、マスコミは小さく一過性の扱いで済ませている。また、共産党は今日でも破防法の適用団体に指定され、監視下に置かれている。

このような「反共風土」と政治弾圧は、共産党の独善性を生み出す要因ともなっている。唯一前衛党論を採用していることが、独善性の理論的基礎になっているが、それだけではなく、いつも周囲に「敵」を感じ、孤立していると、「正しいのは自分だけだ」という意識を醸成することになる。そして、この独善性が、共産党が嫌われる主要な要因となっている。したがって、この点については共産党が反省し改めなければならない。

だが、他方では、党外で社会主義を目指す私たちは、「反共風土」と政治弾圧の重さについてしっかり理解しなければならない。そのことを抜かして、共産党のあれこれの欠点を非難するのは公正を欠くことになる。尾行されたり盗聴されることがどんなに生活を不安定にするか、少し想像力があれば分かるであろう。

貧困を基礎にした、真面目な人びとというだけなら、恐らく公明党・創価学会もそうであろう。だから社会の底辺では両党は激しく対立している。共産党にはもう一つ独自のバックボーンが貫かれている。公安警察の弾圧はそのゆえに加えられていたし、現在もそうなのであるが、共産党は反権力平和志向の党である。原水爆禁止を旗印とする戦後日本の平和運動の展開に、共産党は大きく寄与した。宮本共産党は平和運動の党と置き換えてもよいほどである。そして、戦後の日本が日米安保体制として成立していたがゆえに、同時に「対米従属批判」の強調が、共産党の独自の特徴となった。

戦争＝男、平和＝女、などという安易な二分法はイギリスのサッチャー首相を例に出すまでもなく幼稚な認識ではあるが、傾向的に見ればそう言えないこともない。だから、平和志向の共産党は、別言すれば女性的な党であると言うこともできる。事実、労働運動でも看護婦（士）や保母の組合や女性教師には、共産党系が他の党派に比べると多い。母親大会などにも影響力が強い。同じように、女性を守勢的と性格づけるのも慎重でなければならないが、共産党はどちらかと言うと、防御に強い党であって、攻勢的な党ではない。七〇年代には「民主連合政府」の旗を掲げて攻勢的な活動に打って出たこともあったが、その一時期を除けば守りの姿勢に終始している。

敗戦直後に国労（国鉄労働組合）の副委員長も務め、第八回党大会では幹部会員に選出され、六四年に除名された鈴木市蔵から聞いた話であるが、宮本は将棋を指すことがあるが、けっして負けないという。自分が不利な局面になると、いつまでも次の手を指さないで待つ。すると、大抵の相手は、時間がないからまた指しましょうと言うことになる。潔くないことは明らかであるが、防御に強い性格がよく現れているエピソードである。

宮本の名前を出したついでに触れておくと、「宮本独裁」だとか、「宮本王朝」なるレッテルを貼る者がいたが、今では若い党員のなかでは「宮本って誰ですか?」と反問するほうが多いだろう。確かに『宮本顕治の半世紀譜』(新日本出版社)なる下品な本――息子の愛犬が受賞したことまで記されている!――が作られたこともあったが、今では「赤旗」を一年間よんでも「宮本」の名は出てこないからだ。宮本は、共産党を個人崇拝とは無縁な党として形成してきた。だから宮本は初めは名誉議長だったが、今では横並びの名誉役員にすぎない。

左翼の組織がいわば宿命的に背負うことになる問題がもう一つある。それは、組織内の対立や葛藤の調整手段をめぐるもので、自民党などの場合には金銭とポストの配分によって調整することが構造化されているが、左翼にはその手段はないことから生じている。そうなると、理論的対立が激化しやすくなる。途中で金とポストで手を打つことができないからである。よく、左翼は分裂ばかりしているが、自民党のほうがいろんな意見を党内に抱えていて包容力があるという声を聞くが、その理由はここにある。だから、左翼の組織では理論と形式はいっそう重要な位置を占めることになる。

理論を重視する共産党は、党大会や中央委員会総会の決定などを党員が読書することを「読了」という党内用語を用いて指導内容の一つにしている。読了率は七一年夏にはもっとも高く八九%に達した。ところが、次第に低落し、八五年の第一七回党大会での規約改正で「すみやかに読了」が義務づけられることになった。さらに、最近ではビデオの普及によって文書を読むのではなく、ビデオを「視聴」するだけでよくなった。それでも三〇%にまで低下してしまった。幹部の理論的能力の低下と平行して、党員の質も劣化しつつある（労働者にとっての耳学問の有用さを否定するわけではない）。

形式を重んじるということは、別に言えば、筋を通すということでもある。原水禁運動の分裂などでも、時には子どもじみたと思えるほど頑なな振る舞いを数多くの場面で見せられたが、あまり知られていない事例を紹介しておこう。一九五八年に創刊された『平和と社会主義の諸問題』をめぐる問題である。この雑誌は、八二年には不破によって「世界の共産主義運動に存在する唯一の国際機関である」と説明されていた（不破哲三『スターリンと大国主義』二二四頁）。プラハに編集局があり、日本共産党は編集委員会には参加できないが、常駐の代表を派遣し、初めはその全訳を発行していた。志賀（義雄）派との関連で、六五年の参議院選挙に関する論文の掲載が拒否されたのだが、共産党は頑強にその掲載を要求しつづけついに二年後の六七年十二月号に掲載させることになった（同、二二二頁〜二二三頁）。いわば「敵地」でも孤軍奮闘して筋を通す頑強さは舌を巻くものがある。

この節の最後に、私の世代の体験に照らして新左翼との対比のなかで考えてみよう。共産党員は、乱暴や非日常的なことを敬遠すると性格づけたが、この点が新左翼・全共闘とのきわだった相違ではないだろうか。革命は祭りである、という側面も歴史的に見てまったく見当違いということはないが、それだけで、社会主義への経済的・政治的・文化的接近を通路とする現代の革命の勝利を実現することはできない。だが、新左翼・全共闘の一部は、この側面にこころ引かれ、酔っぱらうことが革命だと錯覚した。何かの本に、新左翼・全共闘体験のあるシンガーやタレントは少なくないのに、共産党系はほとんどいないと書いてあった。そこにもある種の傾向の違いが反映している。マスコミがいずれの傾向を好んだかという問題もある。

全共闘が華やかに活動していたころ流行っていた歌があった。「真っ赤に燃える太陽だから、真夏の海は恋の季節だよ」という歌詞がまだ耳に残っている。他方、共産党の世界ではポール・モーリアの「水色の恋」のほうが好まれたのではないか。もうはるか以前になるが、共産党の友人の結婚式でこの歌が「国際学連の歌」とともに唱和される場面があった。もちろん共産党のなかにも乱暴な「突破者」みたいなのがいなかったわけではないが、結局ははじき飛ばされることになった（冒頭にふれた新日和見主義分派退治は、党内の左傾化傾向を排除する狙いもふくまれていた）。「突破者」はヤクザの世界と重なるが、新左翼や全共闘のなかでは、私もそうだったが、高倉健の「昭和残侠伝」などのヤクザ映画が好まれていた。やがて、私自身は同じ高倉の主演作、山田洋次監督の「幸せの黄色いハンカチ」に深く感動するようになった（二年前に、高倉は降旗康夫監督の「ホタル」で生き残った特攻隊員の平和への意志を見事に演じた）。

このように対比できる感覚の違いや、理論的には「スターリン主義」問題の認識の違いを、共産党は理解することができなかった。対立しあう勢力のあいだで相互理解を欠くと言葉がエスカレートするのは世の常である。だから、共産党は新左翼にたいして、「トロツキスト」「反革命」「帝国主義の手先」などと罵倒した。もし、そうする代わりに、自らの経験を通した教訓として、しっかりした親が血気盛んな子どもに諭すように、暴力的闘争や内ゲバにたいして「諸君のおこないは間違いだ。私たちも同じ誤りを犯してきた」と批判していたら、事態はだいぶ違っていたであろう。だが、共産党にしてみれば、そうは簡単にできない環境に包囲されていた。もし、共産党が自分たちも同じことをやってきたと正直に語った瞬間に、反共ジャーナリズムは「それ見たことか、共産党の本質は暴力にある」とキャンペーンするに違いないからである。

さて、かつてトロツキーは、台頭するファシズムにたいして警鐘を乱打した名著『次は何か』で、「組織が重要な組織でありうるのは、その組織が包含している大衆によるか、あるいはその組織が労働運動にもたらしうる思想の内容による」（現代思潮社、二三二頁）と書いた。党員四〇万人、機関紙二〇〇万部の組織は、まず、前者の条件は満たしているとみるべきであろう。では、後者はどうか。

三　組織の理論的内実

最後に組織の理論的内実について明らかにするが、この側面については、第三部でいくつかの論点をテーマとして取り上げているので、ごく大枠について簡単に確認するだけにする。

周知のように、日本共産党は、ロシア革命の五年後、一九二二年にコミンテルン日本支部として創設された。遅れて近代化した日本では、社会主義思想も自生的というよりは外来的であった。

レーニンの生前だからこの時には「マルクス・レーニン主義」なる言葉はなかったが、スターリンが党中枢を掌握した後にコミンテルンの指導下にあり、したがって「マルクス・レーニン主義」を貫く党として活動してきた。誕生してまもない一九二五年からの治安維持法による大弾圧によって、社会から隔絶され、明治時代の自由民権運動の伝統とも切断されてしまった。わずかに山口県出身で東大卒業の宮本顕治は、吉田松陰などの長州人のエリート志向の気質を引いていると言えるだろう。

ロシアと日本とは歴史的発展のテンポが類似していた面が強く――ロシアにはツアー、日本には天皇が君臨していた――このことも「マルクス・レーニン主義」の受容を助けた。レーニンがツアーを前提に叙述しているところを天皇と置き換えて読むと理解が容易であった。戦前には初めはトロツキーについても紹介されていた時期もあったが、弾圧とも重なり、次第に「マルクス・レーニン主義」が正統として流布されることになった。七〇年代になっても「トロツキスト」が反革命の代名詞として乱発されていた。

この流れに身を置いていたがゆえに、ソ連邦と中国からの干渉もまた不可避であった。しかもその干渉の規模と程度は相当なものであった。干渉者は国家といってもよく、干渉されるほうは小さな政党にすぎないのだから、そこで動く金や影響力の規模を考えればその干渉がいかに甚大な被害をもたらすものかは簡単に推測できる。

したがって、日本共産党は、この〈マルクス・レーニン主義の世界からの脱却〉という大きな課題を初めから背負わされていた。宮本顕治が貫いた「自主独立」路線とはその表現なのである。後に「覇権主義との闘争」として表現することになったが、共産党は絶対に「スターリン主義」とは言わない。

二つの、国家に依拠した共産党からの干渉をはねのけるという点では、明らかに宮本はかなりの成功を収めた。六六年の毛沢東との交渉とそこでのきっぱりとした武装闘争拒否の姿勢は、宮本の真骨頂である。もし、この時、宮本がいなかったなら、日本共産党は武装闘争の泥沼に引きずりこまれ、解党してしまっていたであろう。七六年の第一三回臨時党大会で「マルクス・レーニン主義」を捨て、「科学的社会主義」なる言葉に変えたのはその努力の一端であった。干渉の点では、金日成も負けていなかった。彼らは、六八年に両党会談のために訪問した代表団の宿泊部屋に盗聴器を仕掛けるという非常識な乱暴も平気でおこなった(『日本共産党の七十年』上、三七〇頁)。

他方、この点でベトナム労働党はまったく逆の立場を貫いた。不破によれば、ベトナムの党は、ソ連邦共産党にたいして「志賀〔義雄。つまりソ連派〕への援助などの干渉はただちにやめろ」(不破哲三『ソ連・中国・北朝鮮——三つの覇権主義』一〇六頁)と要求までしていた。ベトナムの党がこのような立場を取ったのは偶然ではない。実は、六〇年代に日本共産党が提起していた「アメリカ帝国主義の各個撃破論」の功績である。この理論は、アメリカ帝国主義と闘いぬくベトナム労働党に伝えられ、彼らによって翻訳され、塹壕の兵士たちが闘いの指針の理解に役立てていたのである。六六年に日本共産党代表団が前記の中国訪問の直前にハノイを訪問した際には、ホー・チミン主席も参加して、直前に発表した論文の英訳を渡したらその日の内に翻訳して翌日にはベトナム側の出席者全員がそれを読んだうえで会談に臨んだと、不破が記録している（同、一〇五頁）。日本共産党の理論がベトナム革命の勝利に大きく貢献したのである。そのことによって、共産党はベトナム労働党との友好関係を築き上げている。この事実は、決して見落としてはいけない貴重な実績である。

だが、看板を「科学的社会主義」と変えただけでは根本的な変身を実現することはできない。二〇世紀後半になって、新左翼が世界的にも登場して、組織論や社会主義論など歴史的に新しく提起される問題の多くが「スターリン主義問題」として意識され、関連づけられて論じられることになった。だが、共産党は事を「覇権主義との闘争」としてだけ描き、「スターリン主義」として捉えることを拒否してきたがゆえに、それらの新しい課題を敬遠することになってしまった。だから、例えば五六年のハンガリー事件について、三二年後に初めて当時の対応が誤っていたと公表するような遅れを生み出したのであり、しかもそれを「過去の誤りをすすんで是正する誠実さ」（『日本共産党の七十年』上、二六五頁）などと逆さまに威張って恥じない。同じことだが、七七年に唱えだした「社会主義生成期」論は「目からうろこが落ちる」素晴らしい理論だったはずなのに、九四年には廃棄されてしまった。この社会主義論だけでなく、全般的に理論的能力が著しく低下している。このことは党員や幹部の没個性の傾向を助長することに直結している。

先に諸学会との関係の薄さに触れたが、七五年には、党の社会科学研究所が主催して「理論・政策問題についての会議」を、全国の党内外の研究者を六〇〇人も集めて東京・京橋公会堂で開催した――犬丸義一から教えられた――のに、いまではそういう集会はおろか、研究者の声が「赤旗」に掲載されるのも稀になってしまった。前記の会議は、『日本共産党の七十年』には不破哲三と上田耕一郎が報告した（『理論戦線の到達点と課題』に収録）と一筆してある（下、四二頁）が、参加者の数も書いてない。『八十年』では消えてしまった。

今ようやく、不破はレーニン主義への批判までは歩を進めつつあるが、その努力が「マルクス・レーニン主義」を根本的に克服することになるのか否か、正直に言えばおぼつかない。しかし、その水路を切り開く一つの通路にはなりうる、と私は好意的に考えている。この第2部で論評する、今回の綱領改定案では「社会主義・共産主義」について〈生産手段の社会化〉を強調するようになったが、今日この日本でこの言葉を明確に発しているのは、共産党くらいなものであるからだ。やせ細って残存する新左翼の諸党派のなかでは「社会主義」の言葉を時に書くことはあっても、その内実を説明する論文などほとんどみたこともない。あるいは「アソシエーション革命」なるつぶやきがあるが、それらの論者は「生産手段の社会化」には触れない。何事も内実を深めなくては意味はないが、発したこともない言葉の内実を探ることはできない。

こうして日本共産党は、二一世紀の現実を前にして、〈マルクス・レーニン主義の世界からの脱却〉を徹底して実現し、アメリカ帝国主義の一極支配に対抗して、現代世界と現代社会が抱えているさまざまな困難な課題を解明し、その打開策を提起し、日本社会に深く根づきながら広範な労働者・農民・市民とともに、人間の平等を目指す社会主義に向けて意識的に努力する前衛として活動することが強く求められている。結党八一年の貴重な伝統は、その方向においてだけ活かされるのである。

〈追記〉

二校終了直後に、小野田襄二『革命的左翼という擬制』（白順社）を一読した。小野田は、いわゆる中核派の元政治局員で、新左翼運動の創成期を自らの体験を軸にして総括している。安東仁兵衛の『戦後日本共産党私記』について、安東と同じ渦中にいた辻井喬が同書の「解説」で「ここから文学がはじまるという意味での歴史的著述」（四二七頁）とまで評価しているが、小野田は、内ゲバへと陥没した新左翼運動における人間と政治の葛藤をさらに深く真剣に反省・考察している。「ぼくは革命を捨てた」と書き、「理論や思想」ではなく、「人間に焦点を当てて語る」（七三頁）姿勢は、私とは異なるが、共通する反省も少なくない。小野田は社会の「システムはガキのものではなく、大人の常識に根ざしたもの、それを心底つかむのに二〇年かかった」（七七頁）と書いている。他にも労働運動の指導者・松崎明の評価と彼へのまなざしについても、私と同質のものを感じる。本書については、拙評「人間と政治の葛藤をえぐる」（オルタ・フォーラムＱ『ＱＵＥＳＴ』第二八号＝二〇〇三年十一月、掲載予定）を参照してほしい。

Ⅱ　二〇〇三年綱領改定案の検討

はじめに――不破哲三の課題

日本共産党は、ようやく綱領改定に着手した。六月二一日から二三日に開催した第七回中央委員会総会で「日本共産党綱領（案）」を決定して公表した。

周知のように現綱領は、一九六一年の第八回党大会で決定されたもので、その後四回にわたる部分的な改定はあったが、基本的骨格は最初のときから大きくは変わっていない。それなりに手を加えた九四年の第二〇回党大会での改定では、九一年末に起きたソ連邦の崩壊を受けて、七七年から唱えていた「社会主義生成期」論を放棄し、ソ連邦に「覇権主義と官僚主義・専制主義」なる正確さに欠けるレッテルを貼ることになった。

今度の改定は、二一世紀に入って初めてでもあり、戦後の共産党を隔絶したトップの座を占めて指導してきた宮本顕治が現役を引退して、代わりに不破哲三が議長となっていわば不破カラーを打ち出すという意味でも党内外から関心を引いている。

七中総では、七三歳の不破が三時間近い提案をおこない、中央委員から出された質問・意見に自ら答え、「結語」も不破がおこない、それらは「赤旗」で総計九面分にもなった（改定案は別に三面分）。そのすべてが七中総で採択された（規約から言えば、その読了が義務づけられたことになる）。文字どおり不破の独壇場である。不破は、この綱領改定にどのような思いを抱き、何を課題として意識しているのであろうか。

ロシア革命の五年後一九二二年に創立された日本共産党は、コミンテルン日本支部として位置づけられていた。一九六〇年の安保闘争を経て、共産党は日本の政治の一角に位置を占めるまでに成長し、盛衰はあるにせよ今日では国会に衆参四〇人の議員を有し、地方議会では約四二〇〇人の議員が活動している。九一年のソ連邦崩壊後に、ヨーロッパ諸国の共産党がすべて衰微しているのと対照的に、また国内では社会党が解体し、新左翼諸党派が衰退しているなかで、日本共産党はその基本的骨格を保持している。自民党単独政権の時代が終わり、連合の時代となり、首班指名や法案採決にさいして、共産党がキャスティングボートを握る局面もあるだろう。

戦後すでに六〇年近くなるが、六一年の綱領確定以後、九〇年代前半までは、一九〇八年生まれで敗戦まで獄中一二年の辛酸を耐えた宮本が共産党を主導した。宮本は、戦時中の獄中体験について「ちょうどせいぜい中隊長クラスのものが、師団かあるいは全軍の指揮をやらされたようなもの」と言い、「運命のめぐりごとによって、私自身まだ満二五歳ぐらいではからずも歴史の重責を負わされ、悪戦苦闘したというのが、いつわらざる心境であった」（『わが文学運動論』一六四頁）と振り返っている。歴史の試練に耐えた剛毅な青年がそこに立っていたことに、私たちは誇りを感じ取らなくてはならない。

七〇年の第一一回党大会で新設の書記局長に弱冠四〇歳で抜擢された不破は、いらい一貫して宮本を支える理論的柱として活動してきた。不破は、党内闘争の修羅場で反対派の矢面に立つこともなく、何かの大衆運動で指導的采配を振るったこともない。第八回党大会への過程で構造改革派に組みすることなく、宮本に与した最初の選択以外には、政治的岐路と決断はなかったと言ってよいであろう。その意味でいわば徹底した主流派の庇護された理論家であった。その彼が、ようやく宮本から「解放」されて名実ともに共産党のトップに立ったのが、一九九七年の第二一回党大会であった。議長空席での不破委員長の誕生である（二〇〇〇年の第二二回党大会で議長に）。

一九九一年のソ連邦崩壊に直面して「腰を抜かすな」と号令を発した点では、さすがに「自主独立」を金看板にしてきた百戦錬磨の闘将たりえた宮本も、その意味を歴史的理論的に説き明かすには年齢を重ねすぎていた。その役割は不破が果たすほかにない。一九八二年に遅ればせながら『スターリンと大国主義』までは切開していた不破は、議長就任後に初めてレーニンを真正面から批判するようになった。二〇〇〇年正月に「赤旗」紙上で「レーニンはどこで道を踏み誤ったのか」とセンセーショナルに問題を提起した。一言でいえば〈レーニン主義からの脱却〉である。コミンテルン日本支部として誕生した共産党が宮本の「自主独立」路線を経て、最後的に「マルクス・レーニン主義」の世界からそのへその緒を切る過程と理解できる。

他方では、日本社会もまた、敗戦後半世紀を経て大きく変貌した。経済的にはアメリカにつぐ第二位の大国に成り上がったが、その政治は国際舞台ではアメリカに追随するだけであり、国内では依然として金権腐敗に浸っている。溢れる享楽手段のなかで、読書の習慣はすたれ、東大生の愛読書が少年漫画雑誌となっている。生きることの実感が希薄となり、希望や夢に向かってのひたむきな努力は軽視され蔑視されている。ただ閉塞感だけが強められ、刹那的衝動に駆られた犯罪が頻発している。白けた青年世代は政治から身を引いている。かつて七三年には共産党の青年組織である民青は二〇万人を誇ったが、いまや二万三〇〇〇人に激減してしまった。もし、共産党が日本の未来を切り開く政党たり得るとしたら、「コミンテルン」という言葉さえ知らない読書離れの茶髪の青年にもその声は届かなくてはならない。

この政治文化の激変のなかで、二一世紀の共産党は志位和夫委員長のもとで活動することになっている。東大での学生運動の経験しかない志位は、不破よりも若い三五歳で、一九九〇年の第一九回党大会で書記局長に抜擢された。志位が最初にやったことは、マスコミへの登場にさいして不破の口調をまねることであった。物まねの素人が人気を博しているから、口調をまねることは楽なのかもしれないが、政治家ならば問題は内容にあることはいうまでもない。だが、志位にはマルクス主義——科学的社会主義の理論的基礎と探究の蓄積がきわめて薄い。志位だけではなく、共産党全体の理論的能力が枯渇しつつある。

したがって、不破はこの志位に、戦前以来の伝統を体内に深く刻印している共産党——党の高齢化が進んでいる——のアイデンティティーを保持しながら、しかも「マルクス・レーニン主義」の世界から脱却するという二重の課題を成し遂げるための指針を伝授しなければならない。それが、今回の綱領改定の最奥の課題なのである（共産党が日本の政治においてどのような位置を占めているかについては前章で明らかにした。不破哲三の歩みについては、「プロローグ」で概観した）。

本稿は、次のように構成されている。

第一節では、一九六一年に第八回党大会で決定された綱領の骨格を明らかにする。

第二節では、その後、四回ほどこされた部分改定の要点を明らかにする。

第三節では、今回の綱領改定案の主要点を明らかにする。

第四節では、その主要点の核心である憲法認識の変化について検討する。ここではあわせて、一九六七年の「四・二九論文」いらいのこの問題での共産党の認識の変化を跡づける。

第五節では、もう一つの主要点である、新しく打ち出した社会主義論について検討する。

むすびでは、私たちも含めて、日本において社会主義をめざす人間にとっての共通認識と共通の課題がどこにあるのかを確認する。

本稿では、七中総での不破の報告、発言、結語、さらに一カ月後の七月一八日に東京・日比谷公会堂で二時間にわたっておこなった、不破の記念講演（「赤旗」七月二一日）を対象とする。その後、党内討論のために、八月と九月に『日本共産党綱領改定案公開討論』第一号、第二号が発行されたが、それらの検討は別の機会にまわすことにする。

本論に進む前に、綱領という文書の性格から不可避に生じる制約について知っておく必要がある。一般的に人間の認識は、一歩いっぽしか進まない。個人の場合には時にひらめきや飛躍もあるが、綱領は政党の組織的規模での基本的な共通認識を表したものであるがゆえに、その政党の歴史的な形成過程からさまざまな拘束と制限を受ける。生まれたばかりの小さな組織なら認識の変更は簡単に実現するが、長い歴史を背負っている大きな組織であれば、事は簡単には運ばない。小型車なら急カーブも切れるが、五〇両も後続する貨物列車では急カーブを切ろうとすると事故を引き起こす。したがって、伝統ある大きな政党の綱領については、とくにその党の歴史的形成過程の特徴、背負っている性格についてしっかり理解しなくてはならない。そういう理解を欠いて、外在的に批判しても積極的な意味はない。私は、一九七八年に第四インター日本支部に所属していた時に〈日本共産党への内在的批判と対話〉を提起したが、内在的とはそういう意味である。ここでもその姿勢を貫きたいと心している。

一　六一年綱領の基本的骨格

日本共産党は、一九六一年に開催した第八回党大会において綱領を決定した。三年前の第七回党大会からもちこしたもので、激しい論争が展開され、綱領反対派は除名されたうえで、第八回党大会が開催され、これ以降、共産党はこの綱領のもとで活動することになった。この大会を主導したのが、宮本顕治であった。本稿では、一九五〇年の分裂、五五年の六全協での統一の回復、などの経過はいっさい省いて、決定された綱領の中身だけを書かれてある順に整理する。ただ、この綱領の草案が発表されたときには、「赤旗」号外に掲載され、それは都内の主要駅でビラのように配布されたという。今昔の感が深い。

綱領は、冒頭で「日本共産党は、……十月社会主義大革命の影響のもとに……一九二二年七月一五日、日本労働者階級の前衛によって創立された」と書き出し、「ブルジョア民主主義革命を遂行し、これを社会主義革命に発展転化させて、社会主義日本の建設にすすむという方針のもとにたたかってきた」と明らかにし、同時に「マルクス・レーニン主義とプロレタリア国際主義にもとづいて、日本人民解放のためにたたかってきた」と確認した。

次に、「第二次世界大戦における日独伊侵略ブロックの敗北、ソ連を中心とする反ファシスト連合国と世界民主勢力の勝利は、日本人民の解放のための内外の諸条件を大きくかえた」として、戦後に移る。ここで、憲法が出てくるが、改行するわけでもなく、制定年を記入することもしないで、「現行憲法は……一面では平和的民主的諸条項をもっているが、他面では天皇の地位についての条項など……反動的なものをのこしている」と評価した。

そして、「一九五一年」の「サンフランシスコ『平和』条約」などを説明したうえで、この綱領の核心をなす周知の一句を確認した。

《現在、日本を基本的に支配しているのは、アメリカ帝国主義と、それに従属的に同盟している日本の独占資本である。わが国は、高度に発達した資本主義国でありながら、アメリカ帝国主義になかば占領された事実上の従属国となっている。》

さらに、「戦前の絶対主義的天皇制は、……大きな打撃をうけた。アメリカ帝国主義は、……天皇の地位を法制的にはブルジョア君主制の一種とした」とやや不確かに表現した（「天皇の地位」が「ブルジョア君主制の一種」とは？　しかもその主語は「アメリカ帝国主義」である）。

「日本独占資本主義」についての説明のなかでは「世界資本主義の全般的危機」が分析の基調とされた。

「第二次世界大戦後、国際情勢は根本的にかわった」として、「社会主義世界体制」とか「ソ連を先頭とする社会主義陣営」を積極的に評価し、「国際情勢の発展方向は……大きなはげましとなっている」と結論する。

そのうえで、「日本の当面する革命は、アメリカ帝国主義と日本の独占資本の支配——二つの敵に反対するあたらしい民主主義革命、人民の民主主義革命である」と確認した。これが「二つの敵」論である。

以上の基本的認識にふまえて、次に「行動綱領の基本」として、さまざまな課題を列記した。「自衛隊の解散」「同一労働同一賃金」「最低賃金制と週四〇時間労働」「農業協同組合の民主化」「未解放部落」問題などがあげられ、「独占資本にたいする人民的統制」「独占資本の国有化とその民主的管理」もあげてある。

それらの闘いのために「民族民主統一戦線をつくりあげる」と提起し、再び「マルクス・レーニン主義とプロレタリア国際主義の思想」を強調し、「強大な大衆的前衛党を建設すること」を課題とした。

そして、「国会を反動支配の道具から人民に奉仕する道具にかえ、革命の条件をさらに有利にする」とした。「民族民主統一戦線政府の樹立」をめざし、さらにそれが「革命の政府」になり、「君主制を廃止」すると展望した。「わが国の当面の革命はそれ自体社会主義的変革への移行の基礎をきりひらく任務をもつものであり……連続的に社会主義革命に発展する必然性をもっている」と明らかにした。

最後に、「社会主義の建設」について、「労働者階級の権力、すなわちプロレタリアート独裁の確立、生産手段の社会化、生産力の豊かな発展をもたらす社会主義的な計画経済」の三つをあげた。そして、「社会主義社会は共産主義社会の第一段階である」と確認し、「労働におうじて報酬をうける」と「必要におうじて生産物をうけとる」を段階区分の指標とした。さらに「国家権力そのものが不必要になる共産主義社会、真に平等で自由な人間関係の社会が生まれる」と遠望した。

私の当面の問題意識が情勢分析にはないので、その点についてては手薄な整理になっているが、以上が六一年綱領の要旨であり、骨格である。

この綱領は、基本的には「国際共産主義運動」——この言葉も死語となっているが——の定説にしたがったものである。特に情勢分析の基調は定説のままであった。対米従属の強調と（「民主主義革命」が）「連続的に社会主義革命に発展する」の繰り返しは、当時の綱領反対派が「日本帝国主義」復活と「社会主義革命」だけを強調していたこととの関係から生じたことである。また、「国会を人民に奉仕する道具にかえ」の部分が、武装闘争や暴力革命などの言葉を排除しながら挿入されたところに、重要な特徴があった。五〇年代の徳田（球一）派による軍事闘争の試みとその破産への反省が働いたからである。

この綱領の確定によって、共産党は六〇年安保闘争後の六〇年代の闘いを展開し、党勢——党員と「赤旗」読者などを拡大してゆくことになった。一九六〇年に党員四万人・「赤旗」読者一〇万人、国会議員は衆院三人・参院一人だったが、一九七三年には三〇数万人・二八〇万人、三八人・一〇人に飛躍した。その実績と共産党をとりまく状況の変化によって、綱領の改定が必要となった。

二　四回の部分改定の要点

日本共産党は、この六一年綱領を四回部分的に改定してきた。第一回は一九七三年の第一二回党大会、第二回は一九七六年の第一三回党大会、第三回は一九八五年の第一七回党大会、第四回は一九九四年の第二〇回党大会、においてである。

第一回と第二回の改定については、第三回の改定にさいして次のように説明してあるので、それを引用すれば足りる。

《第一回の改定では、①「ソ連を先頭とする」という字句の削除、②「国会を反動支配の道具から人民に奉仕する道具にかえ」という命題中の「道具」という用語を「機関」にかえる、③綱領のなかの「独裁」という訳語を「執権」とする――の三点の改正をおこなった。

第二回の改定では、①「執権」という用語の綱領からの削除、②科学的社会主義、共産主義の学説について、マルクス・レーニン主義という呼称をやめる――の二点の改正であった。》（『前衛』大会特集号、一一三頁）。

これらは文字どおり字句だけの改定であり、内実としてはほとんど何も変化していないと言ってよい。ただ、その後の経過から振り返ると、期せずしてこれらの諸点に、いわば喉に刺さったトゲがどこにあったのかが示唆されることになっていた。

第三回は一九八五年の第一七回党大会においてである。最大のポイントは「資本主義の全般的危機」用語の削除である。もう一つは、ソ連邦への「覇権主義の偏向」なる批判を開始したことである。一九七七年に発案した「社会主義生成期」論によって、ソ連邦への批判を強調してきたことを、この言葉は使わずに綱領にも反映させた。

また、日本資本主義の「帝国主義的軍国主義的復活のみち」を、「帝国主義、軍国主義復活・強化の道」と変更した。

「社会主義世界体制」や「社会主義陣営」の用語を捨て、逆に「社会主義からのさまざまの逸脱にもとづく否定的現実」を指摘することになり、具体的事例はあげないままに「覇権主義の偏向が表面化した」と表現した。しかし、同時に「社会主義の復元力の発揮をのぞみつつ」と期待を表明した。

行動綱領では、「地球環境保全」や「少数民族というべきアイヌの生活と権利の保障」を追記した。また、直前の八月に起きた日航ジャンボ機の事故によって、「航空事故」についてまで取り入れることになった。

言葉を変えていえば、一九八五年には「プロレタリア国際主義」「二つの敵」「君主制の廃止」「大衆的前衛党」などは依然として変更されずに正しいものとして継承・主張されていたのである。

第四回は一九九四年の第二〇回党大会においてである。言うまでもなく九一年末のソ連邦の崩壊に直面したことによって必要になったからである。そのゆえに前の三回に比べると改定は大幅なものになっている。

四回目の改定の最大のポイントは、崩壊したソ連邦の評価をめぐるもので、前回の改定での「覇権主義の偏向」をさらに一段と強め「覇権主義と官僚主義・専制主義」とか「社会帝国主義」なるレッテルを貼るにいたった。

綱領にそって主要な変更点を確認しよう。

まず冒頭から「十月社会主義大革命」が「ロシア十月社会主義革命」に微調整され、「プロレタリア国際主義」を外してしまった（後のもう一カ所も）。

戦後の情勢についての部分では、憲法については、形容句に「主権在民の立場にたった」と加えたり、「天皇制は絶対主義的な性格を失ったが、ブルジョア君主制の一種として温存され」と文章を整えた（前記のように乱れていた）。また、敗戦直後に共産党が提起した「人民共和国憲法草案」について「発表した」と位置をあげた。

戦後の日本については、「一九九四年に強行された小選挙区制の導入」を加えるなど情勢の変化を取り入れた。

世界情勢については、六一年綱領いらいの「中国革命の偉大な勝利」や前回新しく用いた「社会主義の復元力」は削除された。他方では、第二次世界大戦でのソ連の役割については「数かずの重大な誤りにもかかわらず、正当に評価されるべきである」と評価した。

さらに、「社会主義をめざす国ぐに」なる新しい用語を主語にしたうえで、「ソ連」について、前記のように「覇権主義と官僚主義・専制主義」とか「社会帝国主義」と批判することになった。そして、「ソ連覇権主義という巨悪の解体は……世界の革命運動の健全な発展への新しい可能性をひらいたものである」と総括した。

「当面する革命」については、「二つの敵」という言葉だけを削除した。

「行動綱領」の部分でも、いくつか追加した。

「万国の労働者団結せよ」なる常套句の引用に代えて、もう一つのスローガン「万国の労働者と被抑圧民族団結せよ」を取り入れた。

「憲法改悪に反対し、憲法の平和的民主的条項の完全実施を要求してたたかう」を追加した。

一九七六年の『自由と民主主義の宣言』で打ち出した「三つの自由」――「生存の自由」などを追加した（「三つの自由」とは書いていない）。

最後の長期的展望については、「社会主義の目標」に関連して、「労働者階級の権力の確立」など従来の三つの要件に加えて、「計画経済と市場経済の結合など弾力的で効率的な経済運営、社会主義的民主主義の発揚」を追加した。

以上のような改定をとおして、共産党は、ソ連邦崩壊後の思想的反動状況に抗して態勢を立て直そうとしたのである。一言でいえば、「マルクス・レーニン主義」の世界からの脱却の過程、主体的に表現すれば〈苦闘〉と評価することができる。だが、それがどの程度に本格的で時の試練に耐えるものなのかについては、歴史という教師が冷厳に教えてくれることになる。これらの改定のうちで世紀を超えて有効性を保ち、認識の拠点として継承されるのはどのくらいあるのであろうか。

いよいよ、今回の改定案の検討に移ろう。

三　〇三年綱領改定の四つの主要点

今年は、先の九四年の改定からさらに九年が経過し、二一世紀も三年目を迎えた。一九八二年の第一六回党大会で野坂参三に代わって議長の座に就いた宮本は、九四年の第二〇回党大会では欠席してもなお議長に選出されたが、九七年の第二一回党大会で名誉議長となり、現役を引退した。こうして、今回の綱領改定は、不破議長の主導のもとに、病の床にある宮本（九四歳）とは一切のコンタクトなしに準備されることになった。

七中総で、不破議長は、三時間近くの「改定案についての提案報告」をおこない、三日間の討議のすえ改定案は決定された。

改定案は、以下の五つの章から構成されている。

一　戦前の日本社会と日本共産党

二　現在の日本社会の特質

三　世界情勢——二〇世紀から二一世紀へ
四　民主主義革命と民主連合政府
五　社会主義・共産主義の社会をめざして

（以下便宜的に〔一〕〔二〕とだけ表示することにする）。

ここでは逐条的に紹介するのではなく、いくつかの特徴点を明らかにする。簡単なコメントは加えるが、検討については節を改めておこなう。改定案の特徴は以下の四点に整理される。①憲法の意義の明確化、②アメリカ帝国主義批判・対米従属批判、③民主的改革の強調、④社会主義・共産主義の強調、である。

〔1〕憲法の意義の明確化

改定案の最大の核心的論点は、憲法の意義の明確化である。〔二〕の冒頭は「第二次世界大戦後の日本では、いくつかの大きな変化が起こった」と定言し、その「第二は、日本の政治制度における、天皇絶対の専制政治から、主権在民を原則とする民主政治への変化である」と明確にした（『日本共産党の八十年』では「最大の政治的変化」とされている。三二二頁）。つづけて「この変化を代表〔別の言葉、例えば「法制的に確定」がよい〕したのは、一九四七年に制定された現行憲法である」とする。したがって当然にもこれまでの四回にわたる綱領改定でも手をつけることがなかった「日本を基本的に支配しているのは」という現綱領の核心をなす考え方とテーゼ（「二つの敵」論）を撤回することになった。同じことの別の表現でもあるが、「ブルジョア君主制」は削除され、したがって「君主制の廃止」もなくなった。

そして、「この変化によって、……国会を通じて……変革の道を進む」ことが可能になったと連続して確認することになった。

だから〔四〕では、「民主主義革命」について「日本国民の利益を代表する勢力の手に国の権力を移す」と説明されることになった。〔五〕では「社会主義をめざす権力」という言葉は残ったが、従来はこれを「労働者階級の権力」と表現していたのであり、その「労働者階級の権力」を削除した。

また、憲法認識を一新したことによって、国連と国連憲章についてもその意義を明確にして強調できることになった。現綱領は国連と国連憲章にはまったく言及していない。補足的にいえば、憲法については成立年を記すようになったのだから、ここでもそれらの成立年を明示したほうがよい。また、〔四〕で「非同盟諸国首脳会議に参加する」とはっきりさせた。ここでも「党や市民による自主的外交の積極的展開」に言及したほうがよい（この数年の共産党議員団による諸国への訪問や各種NGOの活動は目を見張るものがあるからである）。

なお、「民主的改革」と「民主主義革命」の区別について、不破は、記者の質問に答えて、「民主的改革というのは行われる中身の特徴づけで、その中身を実行するための権力の移行を革命と呼んでいる」と説明した（「赤旗」六月二一四日）。確かにそう区別することはできるであろうが、これなら単に「政権移行」のほうが分かりやすいし、「民主的改革の実現」と言えばよい。「資本主義の枠内で可能な」と限定しているのだから、その意味でも「革命」と表現するのは不適切である。政権移動の内実が経済システムの根本的変革である場合を「革命」というのが普通であろう。それに、仮に不破の説明に従うとすると、「社会主義的改革」に対応する「社会主義革命」も必要になるはずであるが、ではなぜ〔五〕には「社会主義革命」は出てこないのか。「資本主義の枠」を突破するほうをなぜ「革命」とは言わないのか。

〔2〕アメリカ帝国主義批判・対米従属批判

第二は、「アメリカ帝国主義批判・対米従属批判」である。この点は、一九六〇年代から共産党がもっとも得意とする領域であり（その頂点は、六〇年代前半の「アメリカ帝国主義の各個撃破論」である。ベトナムで翻訳され、活用されていた）、一時は「帝国主義」用語を後ろに引っ込める傾向もあったが、二〇〇一年の九・一一特攻テロ後の世界情勢の展開によって再びその意味を変更しながら、「独占資本主義」と「帝国主義」とを切り離したうえで、批判用語として強調することになった。この点は、現下の資本制経済のグローバリゼーションをどのように解明するかという問題として、左翼に共通に問われている課題につながっている。また、なお「日本帝国主義」とは認めないで「対米従属的な国家独占資本主義」としているが、この点は上田耕一郎副委員長が使ったことがある「従属帝国主義」のほうがよい。この領域については、私は不得手なので、誰かがもっとましな認識を示すであろう。

〔3〕「民主的改革」の強調

第三は、「民主的改革」の強調である。〔四〕は「民主主義革命」が見出しになっているが、不思議なことに本文ではこの言葉は一度つかわれているだけで、ほとんどの場合には「民主的改革」とか「民主主義的変革」が多用されている。二二日の「赤旗」一面トップの見出しも「民主的改革」と大きく打ち出されている。これまでは「ブルジョア君主制」と認識していたからこそ「民主主義革命」が必要であったのであり、前者の認識を改変したのだから当然ながら、「民主主義革命」も不要になるはずなのである。そうなっていないのは、大きな変化が生じる場合の不徹底の見本にすぎない。

従来の「民主主義革命と社会主義革命との関連について」は七中総で質問が出され、不破は「社会主義革命への転化の角度からの特徴づけをなくした」と答えた。「連続革命論的な誤解を残すような表現は、すべて取り除き」とまで強調している。確かにこの二つの過程は「自動的な過程などではない」とは言えるし、言わなければならない。だが、同時に両者をまったく切断するのも正しくない。その関連を状況に応じて探究することこそが必要であり、難問なのである。不破はやたらに「主権者である国民の判断」を強調しているが、その国民の判断に積極的に働きかけるところにこそ、共産党の役割があるのではないか。もし、この役割を過小評価するのであれば、前段の過程（共産党のいう民主主義革命）における党の闘いは位置づかないはずである。「民主主義革命」は強調してもよいが、「社会主義的改革」は強調してはいけないとは一貫性がない。「民主的改革」の内実として、憲法の天皇条項について「民主主義および平等の原則と両立するものではな」いという認識を示している。ただこの一文が「……立場に立つ」と静態的に結ばれているのは誤解を招く一因となる。たとえ「前衛党」は返上したとしても、単に「……立場に立つ」だけでなく、その方向を目指して活動することが、革新政党には求められるはずである（「天皇条項」よりも「象徴天皇制」がよい）。

また、自衛隊については、「軍縮の措置」と「憲法第九条の完全実施（自衛隊の解消）に向かっての前進をはかる」としている。前記の天皇条項での「立場に立つ」よりも実践的である。この考え方は、一九九八年に始まり、前大会で方針にしていた「自衛隊の活用」論を取り下げたものであり、先に見たアメリカ帝国主義認識の前面化と対応している（「朝日新聞」は「天皇制・自衛隊を当面容認」と大きな見出しで報道しているが、ミスリードである（六月二二日））。

この〔四〕の初めで「異なる価値観をもった諸文明間の対話と共存の関係の確立に力を尽くす」と確認している点は、大きな前進である。

【4】「社会主義・共産主義」の強調

第四は、「社会主義・共産主義」の強調である。改定案は、従来の「社会主義社会は共産主義社会の第一段階である」を放棄し、この二つの区別を取り払ってまったく新しく「社会主義・共産主義」なる用語を発明した。

まず、この章の立て方が積極的である。資本制社会を超える未来を展望しようとしているからである。内容としては、第一に「生産手段の社会化」に焦点を当てた。これは大きな前進である。だが、二つ目にあげている「市場経済」については、説明がまったく不十分である。

また「国定の哲学」の否定については、すでに一九七六年の『自由と民主主義の宣言』前後から明示・強調しているが、この認識は近年になって私が強調するようになったグスタフ・ラートブルフの認識――「社会主義はある特定の世界観に結びつくものではない」への着目と共通するものである。

また、ソ連邦などについての認識については相も変わらず九四年の綱領改定時の「覇権主義と官僚主義・専制主義」で済ませている。

この章は全体として弱点が目につくが、それは節を改めて検討することにしよう。

この他にもいくつか目につく論点をあげておこう。改定案は簡略にされたので、折角、八五年の部分的改定で視野に入ることになったアイヌ民族の問題が抜けたり、「地球環境問題」には重ねて言及しているのに、焦眉の課題である地球温暖化問題は依然として取り上げられていない（不破は報告では一言だけ触れた）。その理由は、「物質的生産力の新たな飛躍的な発展」をなお依然として基調としているからである。日本の官僚制度の構造的問題点（西川伸一『官僚技官』五月書房、参照）や腐敗についても甘い。また〔三〕では、総じてロシア革命の位置を下げている。「社会主義をめざす国」という、九四年に「社会主義生成期」論のお蔵入りの代わりに新しく打ち出した言葉も消えて、今度は「資本主義から離脱した国」に変えられた。しかも、ここでは中国もキューバもベトナムも登場しない。

「生存の自由」を含む「三つの自由」を書き入れてほしいという意見にたいして、不破はそれは「わが党独自のもので、世間の常識になっているわけではありません」と答えた。そうなると、「社会主義・共産主義」なる、どう考えても「わが党独自のもの」、いや不破独自のものがなぜわざわざ必要なのか。自分でもこの言葉は「文章が不必要に煩雑になる」と心配しているではないか。レーニンは、不破も明らかにしているように、「綱領はよけいな言葉をひとこともふくまない簡潔な命題をあたえるように」（『レーニンと「資本論」』②一四四頁）と注意していたではないか。ついでながら、「生存の自由」を「わが党独自のもの」だと自覚したのは当然だが、ならば憲法にも明記してある「生存権」と書かないのはなぜか。

不破は、未来社会について、「社会のルールが自覚的、意識的にまもられる時代がくる」と説明している。なぜここで法や法律について一言も触れないのか。法と法律はよほど禁句らしい。なお、これまで、前衛党論においては「国家と党」との相違を強調していたことを思い出すと、この「ルールが意識的にまもられる」可能性について「その一つの実例として日本共産党という〝社会〟をあ」げているのは一面的であろう。

「統一戦線を構成すべき勢力」に関して、「宗教者」も入れるべきではという意見にたいして、不破は「宗教者の場合には……共通の利益をもった集団かというと、そういうことはないのです」と答えた。だが、そうなると、「知識人」はどうなのか。この問題は、「労働者」と「勤労市民」の違い（現綱領には「勤労者」もある）という問題にもつながる。民主政＝民主主義の主体として〈市民〉を定立することができないから生じている無理の一つである。

「大衆的前衛党」なる六一年綱領いらいの用語を、前大会での規約改定にしたがって、改定案でも削除した。そのこととも関連するのであろうが、綱領の最後の部分で「党は、……これらの人びとを納得をつうじて社会主義社会へみちびくように努力する」となっていたのを、「社会の多数の人びとの納得と支持を基礎に、社会主義的改革の道を進むように努力する」と変更した。「みちびく」がきつすぎる表現であると考えたからであろう。

「第二次世界大戦におけるソ連の役割をどう見るか」については、中見出しに立てて、「〝光と影〟の両面がある」と初めて認識して、「スターリンの領土拡張主義」などを指摘しているが、これらはトロツキーいらいのトロツキズムの見解のほうがこの点では妥当であったことにようやく気がついたと言える。

この他にも、「統一戦線」に「戦」の字が入っているのを削除してはなどという低水準の質問——不破は「歳末商戦」と言われていると答え、七中総では合わせて三度しかない「笑い」の一つとなった——などがあったようだが、紹介するまでもない。

以上から分かるように、七中総では、私たちが重要だと考える「労働者階級の権力」の削除問題や、「市場経済」問題はまったく問題にならなかったようである。少なくとも不破は言及していない。天皇制については、一昨年の国会での皇太子の子ども誕生の際の国会での「賀詞決議」について質問が出て、経過を答えているが、肝心の「君主制」認識や「君主制の廃止」削除については問題にしない。

まったく低水準と評す以外にない。不破は、結語の最後に「どれだけ積極的な討議がおこなわれるか」が大切だと力説し、「胸おどるロマンをもって、その活動に取り組んでいただきたい」と結びの言葉を発したが、拍手さえ起きないありさまである。積年の理論的能力の枯渇は予想以上に進行しているのであろう。

憲法認識と社会主義論については節を改めて取り上げよう。

四　憲法認識の前進と限界

〔1〕改定案における憲法認識の変更

前節で確認したように、改定案における憲法認識の変更は、決定的で画期的である。変革の対象である日本の政治システムについて、「ブルジョア君主制」認識をやめて「主権在民を原則とする民主政治」だと変更したからである。「日本を基本的に支配しているのは」という現綱領の核心をなす問題の立て方をやめ、「この変化によって、……国会を通じて……変革の道を進むという道すじが、制度面で準備されることになった」と明らかにした。不破は言葉にはしないが、別言すれば、政治的には支配階級は存在しないということである。報告では、「政治的支配と経済的支配とは、実態も違えば、それを打破する方法も違います」と説明している。「政治的支配」よりも〈(政治的) 統治〉のほうがよいだろう。

このまったく新しい認識によって、〔四〕の「民主主義革命」においては「日本国民の利益を代表する勢力の手に国の権力を移す」とされ、〔五〕の「社会主義・共産主義」では「労働者階級の権力」という、これまたマルクス(・レーニン)主義――日本共産党の言葉では「科学的社会主義」の根幹をなす核心的用語を放棄することになった。

すでに私が明確にしてきたように、「ブルジョアジー独裁」と「暴力革命」と「プロレタリアート独裁」とは三位一体の不可分の認識*であって、共産党はようやくこの三つの基本的概念を卒業することになったのである。これはきわめて重要な前進である。世間の常識からすれば何を今さらということになるであろうが、社会は均質ではなく、多様であり、そこここでジャルゴンが幅を効かせている。事実、この共産党の動向を「改良主義への転落」と非難する声もまだ残っている。

だが、なお依然として不明確な部分も残されている。

その一つは、肝心の「主権在民を原則とする民主政治」という表現にある。ここは正しくは

「法の前での市民の平等な権理と主権在民とを原理とする民主政」とすべきである（「民主政」に違和感があるなら慣用の「民主主義」でもよいが）。第四章には「民主共和制の政治体制の実現をはかる」と書いてあるが、これと前記の「民主政治」とは同じなのか違うのか。そして、なぜ、不破は「民主主義」を避けたのか。今では死語となった「ブルジョア民主主義」という慣れ親しんだ言葉を連想させることを嫌ったのではないか。

「法の前での市民の平等な権理」と書かなかったのは、社会認識における法（律）の諸問題を真正面から捉えようとはしないからである。改定案にも法や法律は一度も登場しい。直接には、不破自身がこの数年間、そこから脱却しようともがいているレーニンになお呪縛されているからである。レーニンは、不破が『レーニンと「資本論」』で引用しているように、「法のまえでの市民の平等」を悪し様に否定していた（⑥三一五頁）。改定案では〔一〕の初めの「半封建的な地主制度」について、原案にはなかった「解説的な形容句」を付記したが、同じように、どこかで「法の前での市民の平等な権理」という近代民主政の核心を表わす言葉を付け加えるべきであろう。

もう一つは、依然として〈市民〉を定立することを避けている。「勤労市民」は三回でてくるが、「市民」は登場しない。だが、一九七三年の「民主連合政府綱領」いらい「市民道徳」と言い始め、三年前に改定した規約では「市民道徳」と明記されているのであり、近年は「赤旗」では「市民」は多用されている。長いあいだ、共産党は「市民」や「市民主義」を否定的に悪し様に非難してきた、その名残である（「生存の自由」は廃棄したが、なお〈生存権〉を使わないのも不破の限界である）。

さらに重要なことは、この重大な認識の変更について真正面から明らかにすることを避けている。事の重要性に見合って、従来の認識には限界があり、錯誤もあったと明確にすべきである。前記のくだりで「天皇は『国政に関する権能を有しない』ことなどの制限条項が明記された」と書いているが、現憲法は一度も改正されていないからこれは一九四七年に「明記され」ていた。この五六年間、共産党はそこを見ようとしなかったにすぎない。なぜ、そのような視野狭窄に陥っていたのかを直視し、反省することが必要がある。彼らがそうしないのであれば、外側にいる私たちが代わってその作業を果たさなくてはならない。

[2] 六七年「四・二九論文」いらいの認識の深化

ここで、歴史をさかのぼることになるが、憲法認識、別の視点から言えば、「革命の形態」の問題について、共産党はどのように認識していたのか、あるいはどのようにその認識を変更、深化してきたのかについて、明らかにする。そこを明らかにしないと、今回の綱領改定の意味が明確にならないからである。内在的に認識し批判するとは、批判対象自身の認識の変化についても、その意味を理解することを不可欠の内実とするからである。

六一年綱領確定前については省略し、六〇年代後半から跡づけてみよう。

一九六六年、アメリカ帝国主義によるベトナム戦争が激化するなかで、日本共産党は、訪問団をベトナムに派遣した。代表団は、その足で中国を訪問し、劉少奇、鄧小平らの党代表団と会談した。『日本共産党の八十年』によれば、「会談のなかで、中国側が革命運動の唯一の道として武装闘争を絶対化する態度をとったのにたいし、宮本団長は、極左冒険主義の誤りは絶対にくりかえさないと、きっぱり表明し」た（一八九頁）。中国側の申し出によって「共同コミュニケ」が作成されたが、上海にいた毛沢東との会談で、その内容の「抜本的な書きかえ」を要求され、共産党は拒否した。こうして、「共同コミュニケ」はまぼろしと化した（この同じ日に、文化大革命が発動された）。「鉄砲から政権が生まれる」と信じている毛は、武装闘争を強調し、「ソ連修正主義」への批判に同調することを求めたが、宮本はこれらの主張をきびしく退けた。宮本は、六四年にも六五年にも中国の海南島で病気療養したほどに中国とは親しい間柄であったが、個人的事情と革命路線とを混同することはなかった。その後、この中国共産党による干渉は、日本のなかのいわゆる中国派の呼応もあり、エスカレートしていった。共産党のいう「毛沢東一派の覇権主義的干渉と蛮行」である。

翌六七年、共産党は、評論員論文「極左日和見主義者の中傷と挑発」を発表した。この論文は、B六判百頁余の長大なもので、三年後の第一一回党大会で副委員長となる岡正芳が執筆したと言われ、発表の日付から「四・二九論文」として重要な位置を占め、大きな役割を果たした。『日本共産党の七十年』では次のように高く評価されている。この論文は、「毛沢東一派の覇権主義的干渉と蛮行」に対する反撃であり、「高度に発達した資本主義国日本での議会活動の役割を否定するかれらの反議会主義や中国式『人民戦争』論を日本に機械的に導入しようとする極左冒険主義の挑発的くわだてをするどく暴露し、党綱領の見地を擁護してたたかった。この論文は革命の平和的合法的発展とマルクス、エンゲルスの態度、レーニンと議会での多数の獲得の問題、反ファッショ統一戦線政府の歴史的経験などから革命の移行形態についての豊富な教訓をひきだし、党綱領と国会の問題などをふかく解明するなど科学的社会主義の国家と革命にたいする理論を創造的に発展させたものとして、今日的、先駆的意義をもつ文献であった」(上、三六三頁)。

この評価だけ読むと、「革命の平和的合法的発展」の道だけを探究した論文であるかに理解するほかないが、実はこの論文は「ブルジョア民主主義」への批判を基調として、「平和移行必然論」と「暴力革命唯一論」を両方批判する形をとっており、五八年の第七回党大会で宮本が強調した「敵の出方論」(『日本革命の展望』三一五頁)を踏襲するものであった。六一年の第八回党大会でも宮本は「敵の出方論」を強調した(同、二一三頁)。だから、読み方によっては「暴力革命」を容認するものとしても理解可能なものであった。「いうまでもなく、あらゆる国家で政治権力の真の所在は、軍隊、警察などの暴力装置を中心にした執行機関をだれがにぎっているかにある」(『日本共産党重要論文集』5、一一八頁)と確認していた。

そして、「四・二九論文」では、憲法については「国会」の位置づけに関してだけ関心を示していたにすぎなかった。「言論、集会、結社の自由」には触れているが、「基本的人権」にすら言及していない。憲法第九条も眼中にない。

その意味で歴史的限界は帯びていたにせよ、「四・二九論文」は「革命の平和的合法的発展」の道を探究したことは明らかであった。

この問題での出発点をなすものであるがゆえに、この論文についてだけは内容を紹介したが、その後の経過はごく簡単に確認するだけにする。

共産党は、この「革命の平和的合法的発展」の道を一九七〇年の第一一回党大会で「人民的な議会主義」として打ち出し、「今日の日本の政治制度のもとでは、国会の多数を基礎にして、民主的政府を合法的に樹立できる可能性がある」と明言した。さらに、この大会で書記局長に抜擢された不破がこの年末に論文集『人民的議会主義』を著わして、彼の評価を高めることにもなった。だが、この論文集では、「議会制民主主義の基本的な精神は、主権在民……という見地であります」（四〇頁）という程度の認識であり、不破は「社会主義日本では『……プロレタリアート独裁』が樹立されなければならないと考えてい」（一七四頁）たし、「敵の出方論」を繰り返していた（一七五頁）。

七二年の総選挙で共産党は一四議席から三八議席に飛躍し、翌年の第一二回党大会で「民主連合政府綱領」を発表した。だが、この段階では、憲法についての評価は、六一年綱領の枠内であった。「民主連合政府は……憲法改悪に反対し、現憲法の諸条項を厳格にまもる」と明らかにしながら、つづけて「現行憲法を日本社会の未来永劫にわたって不変のものとすることは、日本の将来を現在の資本主義体制の若干の改革の範囲内にとどめることであり、……天皇制の永続を肯定するなど、きわめて不徹底な立場をとることである」と釘を刺した（『前衛』大会特集号、一四八頁）。同時に、「わが党の『敵の出方論』への無責任な攻撃」に批判を加え、「敵の出方論」の正しさを強調していた（一四七頁）。

共産党が憲法についての認識を変えたのは、七三年からの約二年におよぶ公明党との憲法論争の過程においてであった。七四年に宮本は、記者会見で「憲法五原則」を強調した。宮本は、「①国民主権と国家主権、②恒久平和、③基本的人権、④議会制民主主義、⑤地方自治、を憲法五原則と定式化し、これが日本社会の将来の進歩・発展のなかで、いっそう充実、徹底させられるべきことをあきらかにしました」と、『日本共産党の八十年』に記述されている（二一八頁。なぜか、三倍もの分量のある『日本共産党の七十年』には宮本記者会見は出てこない）。

この新しい認識は、七六年の第一三回臨時党大会での綱領の部分改定――すでに見た「プロレタリアート執権」の削除――と『自由と民主主義の宣言』の採択として結実し、宣伝されることになった。

以上に簡単に跡づけた経過をふりかえると、次の三点を理解することができる。①マルクス主義の教義がもっている拘束力がいかに強固であるか、②にもかかわらず、経験を通して認識は変化すること、③それにしても共産党の認識の速度は鈍重であること、この三つである。そして、①と③の例証はさらに尾を引いている。

共産党が綱領に「憲法改悪に反対し、憲法の平和的民主的条項の完全実施を要求してたたかう」と明記するのは、はるか二〇年後の九四年の第二〇回党大会まで待たねばならなかった。そして、「四・一九論文」で確認していた「あらゆる政治権力の真の所在は、軍隊、警察などの暴力装置を中心にした執行機関をだれがにぎっているかにある」という認識を黙示的にせよ放棄するのは、先に見た今回の綱領改定案が初めてである。また、「敵の出方」論については、不破は二〇〇〇年の正月にも「ほぼ同じことを、マルクス、エンゲルスは主張していた」（『レーニンと「資本論」』⑤四二二頁）と肯定的に語っていたし、改定案でも忘れたフリをして済ませている。

戦後、共産党は、度重なる度はずれな、ソ連邦と中国による干渉に抗して「自主独立」の道を切り開いてきた。その一つの内実として、マルクス・レーニン主義の世界においては常識＝定説となっていた「階級闘争」（「プロレタリアート独裁」の承認に無限に接近した意味での）や「暴力革命」の呪縛から脱却するという課題があった。共産党はそのために、苦闘を重ねてきたのである。渦中から離れて眺めれば、なぜそんなことにもっと早く気づかなかったのかということになるが、コミンテルン日本支部として誕生した共産党には、局外者にはすぐには理解できない事情と制約があったのである。

この事情と制約によって、共産党はソ連邦と中国による不当な干渉を「スターリン主義批判」として展開することを避けてきた（あるいはできなかった）。それゆえに、〈スターリン主義批判〉の一点において正当性と存在理由を有して、新左翼が一九五六年のハンガリー事件を発端にして登場することになった（共産党がハンガリー事件にたいする評価の誤りを公認したのは何と一九八二年であった。しかも「自己の過去の誤りをすすんで是正する誠実さをしめすもの」と強弁した（『日本共産党の七十年』上、二六五頁））。だが、新左翼は、共産党が必死になって探究していた、この新しい課題に気づくことなく、レーニン主義――暴力革命論を主軸とする――へと回帰することによって〈スターリン主義批判〉が貫徹できると考えてしまった。言葉を正確に使えば錯覚したのである。実は〈スターリン主義批判〉はレーニン主義の切開、さらにはマルクスとマルクス主義の批判的検討・超克へとその歩を進めなくてはならなかった。不破は、レーニン主義の「暴力革命論」の切開までは前進したが、その先で悩んでいるようである。そのことを顕わにしたのが、彼らの社会主義論の混迷である。次節で検討しよう。

五　社会主義論の不明確さ

すでに確認したように、「綱領改定案」の〔五〕は「社会主義・共産主義の社会をめざして」と立てられている。この部分は、共産党が独自色を打ち出すために強調することになったものであり、その意図については、私たちははっきりと支持する。そのことは、すでに三年前の第二二回党大会についての論評でもはっきりさせておいた要点である。私は、前大会についての論評で「社会主義をいつになく明確に強調した」と注意を喚起し、そこに「〈連帯社会主義〉をめざす私たちとの共通の土俵、接点がある」と確認しておいた（『連帯社会主義への政治理論』二四八頁）。逆に、ここにまだ「社会主義・共産主義」と書いてあるから、共産党は変わらないとか、衣の下に鎧が隠されているなどと反発するむきもあるようである（「読売新聞」や政治学者の五十嵐仁など）が、それらはいわば反共的雑音にすぎない。

確かにその意図はよいのであるが、〔五〕は、その前の〔一〕から〔四〕が平易に書かれていて読みやすい――文章の成熟は認識の深化の現れであることが多い――ことに比べてきわめて難渋な内容となっている。恐らく、党員にとっても、彼が理論にいくらかでもこだわる真面目な党員であればあるほど難解であろう。これまでの共産党の社会主義論と切断されているし、裏腹な関係ではその曖昧さが尾を引いているからである。

共産党は、これまで「社会主義論」としては、一九七七年に提起した「社会主義生成期」論と、翌年に提起した「四つの基準」論を唱えていた。「社会主義生成期」論は、九一年末のソ連邦の崩壊の試練に耐えられずに、九四年の第二〇回党大会でお蔵入りとなった。その時、新しく登場したのは、ソ連邦についての「覇権主義と官僚主義・専制主義」なる新しいレッテルであった。そして綱領を改定して最後の（七）での「社会主義」についての説明で、従来の「労働者階級の権力の獲得」「生産手段の社会化」「社会主義的計画経済」に新しく「計画経済と市場経済の結合」「社会主義的民主主義の発揚」を加えてこの五つをキーワードにした。

ところが、今度の改定案では、「覇権主義と官僚主義・専制主義」は踏襲されているが、この二つの理論だけでなく、「社会主義」についての前記の五つのキーワードの内から、「生産手段の社会化」だけはそのまま踏襲したが、「労働者階級の権力の獲得」「社会主義的計画経済」「社会主義的民主主義の発揚」の三つは全く姿を消してしまい、「計画経済と市場経済の結合」は「計画性と市場経済との結合」に書き換えられてしまった。「計画経済」は姿を消した。さらに六一年綱領いらいの「社会主義社会は共産主義社会の第一段階である」という定説も、「労働におうじてうけとる」という定説も消えた（後述）。

したがって、これまで現綱領を正しいと信じていた党員は、それらのほとんどをチャラにしろと言われたことになる。それでも、ただ素晴らしいという党員の感想を「赤旗」は集めているが、そういう党員はほとんど何も理解してはいないのであろう。

そのうえで、「社会主義・共産主義」なる新しい用語を使い出すことになった。これはすぐには理解しにくいが、まったく新しい一つの言葉ということになっている。七中総コミュニケでは「社会主義・共産主義社会」なる新語も使われている。

内容の検討に移るまえにいわば形式的にも問題がある。これまで「社会主義」と表現していた文脈では「社会主義・共産主義」なる用語で取り替えることになったのであるが、なお一貫性を欠いている。七中総の審議をとおして、原案では「社会主義の日本の経済生活」となっていた部分に「・共産主義」を追加したが、それでもまだ「社会主義」だけが残された部分が数カ所ある。〔三〕の結びには「帝国主義・資本主義を乗り越え、社会主義に前進することは」と書いてある（なお、ついでながら、この述語が「大局的には歴史の不可避的な発展方向である」となっていることも注意に値する。「歴史的必然性」と書いていないからである）。この部分は章が違うからという言い訳が可能なのかも知れないが、問題の〔五〕にも「社会主義への前進の方向を支持するすべての党派や人びとと協力する」と書いてある。これには、そこは共産党外の人びとについての話だという説明が成立するかも分からない。だが、その前には「社会主義をめざす権力がつくられる」と書いてあり、その後では「日本における社会主義への道は」が主語になっている。その少し先には「市場経済を通じて社会主義に進むことは」が主語になっている。さらにこの章では「社会主義的変革」が四回も出てくる（「社会主義的改革」が一回）が、なぜ「社会主義・共産主義的変革」ではないのか。

これらの不統一・混乱は、一般的に四文字熟語で表記されている慣用の二つの言葉を中黒点で結んで一つの言葉だと造語することに無理があることを示している。「急行」と「特急」を合わせて「急行・特急」と言われても何のことか分からない。

「社会主義・共産主義」と「社会主義」の不揃いについては、質問が出て、不破は「だいたい過渡期にかかわる状況を表現するときには、『社会主義』という言葉が選ばれています」と答えた。不破は「……過渡期の段階がある、この点についてのマルクスの指摘〔指摘であって、解明ではないことに注意〕は、現在でも、基本的には妥当するものだと思います」とも説明している。だが、そもそも、改定案には「過渡期」というきわめて重要な概念は、現綱領と同様、一度も使われてはいない（トロツキズムが「社会主義への過渡期」を強調したことへの反発であろう）。
不破は報告で、未来社会について、「この社会の呼称ですが、わが党は、日本共産党として、共産主義社会をめざす立場を名乗っており、理論は科学的社会主義であって、社会主義をかかげていますから、どちらか一つをはずして、呼称を一つにするわけにはいかないのです」と説明した。

これはまったく本末転倒の錯誤した議論である。人類の未来をいかに表現するかという大問題よりも、日本共産党という名の組織が存在していることがより重要だというのである。私は、人類が当面している未来社会については〈社会主義社会〉とし、党名を〈社会主義党〉にすることが解決策だと考える。その〈社会主義社会〉の次の発展段階を「共産主義」としてもよいだろうが、それこそ不破お得意の「青写真は描かない」説を取ればよい。

次に内容の検討に進もう。

不破は報告では、これまで「社会主義」と「共産主義」については、生産物の分配の仕方を基準に区別していたが、それを止めたと説明している。周知のように、これまでも「社会主義」と「共産主義」という二つの言葉をどのように関連づけて理解すべきなのかについては、多様な解釈を生み出していた。マルクスの場合には関連して定かに論じることはなく、両方の言葉を時に応じて使っていた。関連づけて論じたのはレーニンである。レーニンは『国家と革命』で「共産主義の第一段階（普通にはこれが社会主義と呼ばれている）」と明らかにした。うまい具合にマルクスが『ゴータ綱領批判』で「労働に応じた分配」と「必要に応じた分配」とを対句として読みとることができるような一文を書いていたので、それを活用して、「社会主義：労働に応じた分配」、「共産主義：必要に応じた分配」と区別することが、それいこう通説となった。だから、この説明が現綱領にそのまま書かれていた。

この新しい「社会主義・共産主義」は、「生産手段の社会化」と「市場経済」の二つの言葉を軸にして説明されている。

「生産手段の社会化」については、まず最初に「社会主義的変革の中心は……生産手段の社会化である」と明確にしたうえで、「生産手段の社会化は」を主語にして四回も説明している。報告では、『資本論』を引用して「結合した生産者」「結合的生産様式」をドイツ語（アソツィール テ）の併記なしに引用して説明している。アソシエーション論への接近である。〈労働者による生産の管理〉が欠落しているのは大きな問題だし、「協同組合」が一度も出てこないのは、これまでの共産党の「社会主義論」と比べても腑に落ちない。ただここで「計画経済」と書いていないことも注意を要する。

ところが、「市場経済」のほうはどうか。「生産手段の社会化」についての叙述を踏襲すれば、「社会主義的変革の第二の中心は……市場経済である」とでもはっきりさせるべきである。ところが、そうではなくて、突然「市場経済を通じて社会主義に進むことは」が主語とされ、「市場経済」がその一部になっている。しかも分量のうえでも八分の一ときわめて少なく、「市場経済は」とは一度も説明していない。報告でも「生産手段の社会化」は中見出しに二度も立てて説明しているが、「市場経済」は見出しに昇格されることなく、「中国やベトナム」が例示されているにすぎない。

「通じて」だけでは、「社会主義」になると「市場経済」はなくなると理解するほうが自然であろう（さなぎを通じて蝶になるが、蝶になるとさなぎは残らない）が、「計画性と市場経済とを結合させた弾力的で効率的な経済運営」と説明されているから、「市場経済」は「社会主義」でも生き残るらしい。

こうして「計画経済」は、共産党の新しい「社会主義・共産主義」の経済から放逐されてしまった（「計画経済」の不使用自体は、社会主義経済を〈協議経済〉として構想している私が六年前から主張していたことでもあり、一歩前進である）。報告では「なお〔注意！〕、『計画経済』を……」と数行つけたしているが、いかにも不自然である。そして、不整合に導入した「市場経済」については説明不足となっている。したがって、「生産手段の社会化」と「市場経済」との関係はどうなっているのか、当然にも何の説明もない。そもそも「市場経済」は、共産党の慣用句ではなく、一九九四年の綱領改定で初めて使われだしたにすぎず、不破の場合には一九九九年になって真正面から説明するようになっただけである（『レーニンと「資本論」』⑥第二五章）。

さらに一筆すれば、「市場経済を通じて社会主義に」なるものを強調しはじめた不破は、同時に「資本主義市場経済」なる言葉も使い始めたのであるが、この「資本主義市場経済」用語は改定案には登場しない。報告では一度だけ「日本の場合には、いま資本主義的市場経済のなかで生活している」と言っている。「資本主義」と「市場経済」とはどういう関係にあるのか。また「社会主義市場経済」は使われていない。

なぜ、このように混乱した説明に陥っているのか。その根本的理由は、ソ連邦の経済についての分析を欠落させているからである。先に「覇権主義と官僚主義・専制主義」なる長たらしいレッテルを紹介したが、ここにある三つの言葉はいずれも、外交関係か政治制度の領域での用語であって、経済システムは何かには答えていない（それまでは「計画経済」としていた）。だから、綱領改定案では「市場経済」についてのくだりに「『統制経済』は……否定される」と書き加えてあるが、なぜ「統制経済」にカッコが付いているのかも不明だし、それがソ連邦経済についての規定だと明示されているわけでもない。

また、「社会主義的民主主義の発揚」を削除してしまったので、社会主義社会の政治システムはどのようなものかについて全く欠落することになった。

つまり、一七年間でお蔵入りするほど賞味期限の短い「社会主義生成期」論を「目からうろこが落ちる」（上田耕一郎副委員長）と絶賛するほどだった、社会主義論をめぐる積年の弱点が何度目かは分からないがまたも露呈してしまったのである。

このように根本的な弱点に満ちているとはいえ、共産党が〈社会主義〉を主張することによって、二一世紀を展望しようと努力していることは、大いに評価すべきであり、この共通の土俵のうえで、私たちは、〈社会主義〉への展望をさらに深化させなくてはならないのである。

結語では、「未来社会論の創造的な開拓」の大見出しが踊り、自らが「開拓者」であることをくりかえし強調している。九年前の部分的改定の際には、さかんに「われわれは、未来社会の青写真づくりをこととするものではない」とか、「未来社会の設計図をほしがる青写真待望論者」を揶揄していた（『前衛』大会特集号、一二二頁。一二三頁）が、今回は逆になっている。都合のよい時だけ、引き合いにだされたのではマルクスも苦笑するだろう。

苦笑するくらいならよいが、不破は結語で大失言を犯してしまった。「労働に応じた分配」をめぐる説明で、不破は次のように語った。

《これまでのように、社会主義になったら生産物を「労働におうじてうけとる」ことになるといった社会像だとしたら、未来社会も、現状とあまり違わないなと思う人が、多いかもしれません。多くの人は、資本主義社会での賃金とは「労働におうじてうけとる」ものだと考えているからであります。これは、分配論の角度からの社会主義・共産主義社会論では、未来社会の真価を的確に語ることはできない、ということです。》

これはまたあまりに酷いのではないか。「資本主義社会での賃金とは『労働におうじてうけとる』ものだ」って!!　マルクスが、これが資本主義国で最大の共産党のトップリーダーの言葉だと聞いたら、卒倒するだろう。「労働」と「労働力」とを区別するのは、『資本論』いらいマルクス主義の初歩の初歩であり、エンゲルスが『賃労働と資本』に修正を加えたことは誰でも知っている。近年、労働現場では「成果主義」賃金の導入が労働者を締め上げているが、不破もそれにいかれてしまったのか。確かに、「多くの人は……考えている」ということで、不破自身の認識だとは書いてないが、そういう多くの人の認識＝誤解を解くところに社会科学の意味はあるのではなかったのか。その誤解をそのまま前提にして、未来社会を説くとは！　分配論に焦点を当てても、私たちのように、資本制経済の基軸をなす「労働力の商品化」を揚棄して、〈生活カード制〉を実現すると展望すれば、十分に〈社会主義経済＝協議経済〉の特徴・真価は説けるのである。

不破がうっかりではあろうが、これほどのドジを犯したのは、資本制経済を認識する際に「労働力の商品化」という、「価値法則」と並ぶ、宇野経済学が強調した核心を、理解することなく反発しつづけていることの反映なのである。

付　不破の党創立八一周年記念講演について

不破は七月一八日、東京・日比谷公会堂で、日本共産党創立八一周年記念講演を二時間にわたっておこなった（「赤旗」七月二一日）。テーマは、「党綱領の改定について。市民道徳について」である。前記の私たちによる批判と関連する新しい部分についてだけ触れておこう。

不破は、「社会主義・共産主義」という言葉について、「どっちかを捨てるというわけにはゆかないので」と説明し、ここで会場から（笑い）が起きて、「そこはご理解いただきたい」ということになった。笑いが起きる身内には通じるだろうが、自律的に考える人にはその理由を説明してもらわないと理解できない。七中総の報告では、捨てるわけにはいかない理由として、日本共産党という党名を使っていることを上げていた。私は直ちにそのことが「まったく本末転倒の錯誤した議論」(本書一七四頁)であると批判した。私の声が届いたのかどうかは不明であるが、講演ではその説明はやめてしまった。この理由は不都合であることが分かったのであろう。

不破は今後の展望について、「私たちがめざす社会主義・共産主義への切り替えは……文字どおり人類の歴史を変える大事業です」と説明した。前半で「政治や経済の大きな流れを変えること、これが革命と呼ばれるものであります」と説明したうえで、「民主的改革」についてアメリカから「独立の国になる」ことをあげて「大変化じゃありませんか。これが民主主義革命というものであります」と(拍手)を引き起こしていたことと関連させると、前者も十分に「革命」の名に値するのではないか。不破は、なぜ「社会主義革命」と言わないのかとは一言も言わなくなった。

むすび——共通の認識、共通の課題

以上のように、私は、今回の綱領改定案にたいして六一年綱領にさかのぼって検討した。私自身は共産党に一度も党籍を置いたことがなく、六〇年安保闘争いらい長く新左翼世界で活動してきたがゆえに、意図せざる見落としもあるかも知れない。逆に、トロツキズムの洗礼を早く受けていたがゆえによく見えるところもあるはずである。人間は誰にせよ、大小深浅は別にして部分的真理を分有しているにすぎない。諸困難、諸課題が累積している、この二一世紀の日本と世界の現実を前に、互いの認識を持ち寄り、深めあい、この窮境からの脱出路がどこにあるのかを探りだす努力だけが、その連帯の志向性だけが、私たちには強く求められている。

ところで、共産党の外での反応も芳しくない。第四インター系の「かけはし」紙に共産党員を名乗る人の「批判」が掲載されているが、「日本の国家制度は君主制か否かというような神学的な論争」だとか、「ことさらに『社会主義』という言葉を振り回すことが革命的なわけでもない」などという水準ではお話にならない。自分が理解できないことを「神学的な論争」と片付けるのでは、国会での小泉純一郎首相の答弁と変りない。社会主義については、「分配問題」という言葉すら書けないほどで、はるかに不破の足下にも及ばない。

本論で引いた三六年前の「四・二九論文」には「反革命挑発者の徒党であるトロツキスト」などという罵倒のレッテルが使われていた。今では「トロツキスト」も死語になったが、いつまでもそんなレベル（「トロツキスト」と言わないだけ）に止まっていてよいはずはない。互いに相手を社会主義を目指す人間と認知しあったうえで、対話すべきはないだろうか。

本稿をむすぶにあたって、日本共産党の刷新のための当面の提言と、共産党と私たちとの共通認識・課題がどこにあるのかを提起したい。

〔1〕共産党改革の三つの提案

最後に、共産党を改革する三つの案を提起する。

第一の提案は、「赤旗」紙面の抜本的改革である。①現行一六面の内一面を「党外の左翼の声」に開放する、②「研究発表・党内討論」面を新設する、③党外での共産党への批判を筆者、タイトル、掲載誌紙だけ紹介する――この三つを提案する。①については、「意見広告」のように、料金を取って載せるものがあってもよいし、「赤旗」読者を年間一〇〇人紹介した党派に限定してもよい。③については、有料でもよいし、代わりに「赤旗」を講読する義務を負わせてもよい。

ただし、この提案を実現するためには、共産党だけでなく、党外の世論、一般的な通念を変革する必要もある。党中央と異なる意見が発表されたりした際に、「共産党は分裂している」などという下品な反応をしないことである。むしろ、活発に討論していることは望ましく好ましいことだという政治判断ができるように、党外の人間も成長することが大切である。小さな経験にすぎないが、私は、第四インターの「世界革命」編集部に在籍していた時（一九八〇年）に、「異なった立場から」というコラムを作り、それまで「世界革命」に掲載されることはなった論者に登場してもらったことがあったが、このコラムはきわめて好評であった。今でも「赤旗」には党外の有名人の声がシリーズで掲載されることはあるが、それを他の政党・党派まで拡げれば、読者の関心を呼び、党員の質も向上するであろう。

第二の提案は、「日本共産党綱領」を「日本共産党の趣旨」に書き換えることである。堅苦しい枠を外して、簡単なものにするというだけではなく、情勢分析、運動方針、社会主義への展望、を基本的立場と内実は明らかにするが、かなりの幅をもたせたものにして、討論を活性化することを促すものにする必要がある。もちろん、その基本的立場をいかなるものにし、幅はどのくらいかと一歩踏み込むと難しい問題にぶつかることは言うまでもないが、発想の根本を変える姿勢が求められているということである。

「綱領」を「趣旨」に換えるというこのアイデアは、私は今まで考えたこともないが、社会主義経済学会（現在は比較経済体制学会）で知り合った青木國彦から、今度の綱領改定についての意見交換のなかで教えられたものである。なお、青木の考えは「社会主義も共産主義も綱領から消すべきである。それらは一体何かということが不明になった現在、そのようなものを政党の綱領にのせることは不見識であり、それらは研究課題にとどめよ」というのだが、私はそこまでは同意できない。しかし、そういう人たちまで大きく包み込んで、討論を活性化することが大切なのではないであろうか。

例えば、今度の改定の一つの目玉である「社会主義・共産主義」について、実は、不破はすでに『レーニンと「資本論」』で五年前に使っていた（①三二四頁）。もし、普通の党員が綱領にない用語を使って論じたらどうなるだろうか。問題にもよるとは言えるが、一般的には綱領違反であろう。恐らく「綱領に書いてないから、そんなことは言うな」と片付けられるのではないだろうか。なぜ、不破の場合には許されるのか。議長なら、綱領に書いてないことも、自分の著作で発表してもよいのか。それも問題であるが、初めから、「社会主義への展望、移行の形態については、わが党は真剣に模索中であり、積極的な討論を呼びかけている」と「わが党の趣旨」に明記しておけば、誰でも自由に発言できる。

第三の提案は、現在の党を、党員と党友の二層構造に分けることである。本文でも近年の決定文書の読了率の低下について触れたが、「視聴」を入れても三割程度に低下している現実を直視する必要がある。活動量と結集度の低い党員は「党友」として緩やかな組織に組み替えたほうがよい。ただし、この大改革は党費収入の確保、意識分断へのケアー、両者の関係の調節など大きな問題がいくつもあるから、五カ年計画くらいの長期の試行錯誤が避けられないであろう。ついでながら、すでに解党したイタリア共産党の場合には、党員の継続を毎年更新するやり方を取っていたようであるが、その点も検討してもよいかも知れない。

なお、党の組織論については、私は「民主集中制」に代えて、〈多数尊重制〉を提起しているが、興味のある方は拙論を参照してほしい。*

〔2〕私たちと共産党との共通認識

私たちと共産党とのあいだにはどのような共通認識が形成され、共通の課題はどこにあるのか。互いの相違を主張・批判することは、前者にふまえ、後者を追求するなかでだけ、積極的な意味をもつ。

私たちと共産党とのあいだには大きく言って次の三点で共通の立場・認識に到達している。周知のように言葉づかいにはズレがあるが、より広い世間の普通の意識からすれば敵対するほどの相違ではない。用語の相違はより正確さが求められレベルで論争すればよい。

①現実の日本社会を資本制社会として捉え、その限界を克服・変革しなくてはならないと考えている。天皇制についても優先順位の問題は残るが、廃絶しなくてはならないと考えている。

②その変革にさいして、法や法律を重視して、法（律）に則って行動することが必要であり、有効であると考えている。その根拠は、日本の政治システムが、本質的には法の前での市民の平等と主権在民を原理とする民主政＝民主主義だからである。

③そして、その変革の方向を社会主義として展望している。一言でいえば〈社会主義革命〉を志向している。

これらの大きな意味での共通の立場・認識のうえで、より本質的に事柄を表現したり、より具体的に情勢を把握したり、課題を設定するにさいして、主要には方向ではなくテンポや強調点において相違がある。

共産党の現綱領で言う「行動綱領」にあたる当面する諸課題については、決定的に異なるものはない。大きな課題を列記すれば、改憲阻止、社会の軍事化反対、労働者の権理の拡大、地球温暖化など環境破壊の阻止、社会の多様性・寛容さの拡大などが喫緊の共通課題である。私たちはとくに、地方自治を創造する市民の活動や、労働者と労働組合の闘いを重点的に刷新・強化する必要があると考えている。私としては、労働組合運動の理論的探究の軸として賃金論を本格的に解明する必要があることを、堀込純一から教えられ（「戦前・戦中の賃金論と電産型賃金体系」『カオスとロゴス』第二三号＝二〇〇三年四月）、着手しようと準備したばかりの時期にこの本に取り組むことになったので、今秋からの課題にしたいと考えている。成果実績主義賃金への転換とその破綻の露呈のなかで、〈望ましい賃金体系〉は何かを模索する必要がある（賃金制度の廃止をめざす私たちは、「あるべき賃金体系」を求めることはできない）。

近年、私たちは〈社会主義的オルタナティブ〉とか〈社会主義へのオルタナティブ〉などと書いているが、共産党の言葉でいえば「民主連合政府」ということになる。私たちの場合には、社会主義への志向性をより強調する。現実の過渡的改革が自動的に社会主義へと連動すると考えるのは間違いであるが、逆に連続性を拒否することも誤りである。

当面する情勢の分析は、綱領ではなく大会決議の課題であり、私自身がなおこの点は専門的に研究したことがないので、本稿でも弱点となっているが、アメリカ帝国主義の一極支配、資本制経済のグローバリゼーション、現代世界の変容について、分析を深めなくてはならない。日本社会の崩壊現象の進展——閉塞感の深化、若者の無気力、犯罪の多発などにたいして危機感をもって解明しなければならない。

社会主義像については、ソ連邦などの歴史的解明とあわせて、安易に市場経済を認める方向にではなく、あくまでも資本制経済を克服し、平等を希求する方向で探究する必要がある。私たちは、それを〈協議経済〉と展望している。社会主義の政治システムは、資本制社会のそれ＝民主政と本質的には同じであると考えている。法治の重視と言い換えてもよい。

さて、法学者の大江泰一郎は、最近かいた「社会変革と法」の冒頭で、ソ連邦の崩壊に関連して「社会主義は死して……『法治国家』概念という皮を残したことになる」（静岡大学『経済研究』第七巻第3・4号＝二〇〇三年、四一五頁）と確認している。ソ連邦を「社会主義」と表現する点には異論があるが、法（律）の諸問題の重要性に注意を喚起したかったこともあって、大江の論文から引いたのであるが、ゴルバチョフが残したもう一つのスローガンがある。「社会主義へ討論の文化を！」が、それである。そして、私たちが一貫して高く掲げているのが、この誇りあるロゴス（理性・声）である。

第三部

理論上の問題点と根本的限界

Ⅰ　不破委員長と上田副委員長の奇妙な自己批判の意味

一　「自己批判」の核心

参院選直後の〔一九八三年〕七月はじめに発売された日本共産党中央委員会理論政治誌『前衛』八月号に、不破哲三委員長と上田耕一郎副委員長の、ともに標題に「反省」の文字の入った論文が発表された。「民主集中制の原則問題をめぐって――党史からの教訓と私の反省」と「『戦後革命論争史』についての反省――『六十年史』に照して」である。一年前の第一六回党大会で委員長に昇格した不破氏と五人の副委員長の中でももっとも知名度の高い上田氏は、いうまでもなく、〝明日の共産党〟を背負う最高指導者である。その両者がそろって「反省」を明らかにしたのだ。一体、何を反省したのか。

二つの論文の標題は異なっており、標題だけ一見すると、別のテーマかに思える工夫がほどこしてあるが、内容は全く同じといってよい。今から二七年前に上田耕一郎著として大月書店から出版された『戦後革命論争史』(上、下)についての反省である。当時、日本共産党は五〇年分裂を六全協(五五年)で収拾し、第七回党大会にむけて綱領論争を展開していた。党中央は党内討論誌『団結と前進』を発行し、この時期は同党の歴史のなかでももっとも活発な議論が百出した。『戦後革命論争史』は、こうした雰囲気のなかで、いわゆる構造改革派の立場にたつグループ(当時は現代マルクス主義派)の主要な成果の一つといわれ、「双書戦後日本の分析」の最初の巻として出版された。この著作は「はしがき」に明示してあるように「事実上両人〔上田・不破〕の共著というべきもの」であった。

このグループの他のメンバーはのちにほとんど離党しているが、二人は第八回党大会(六一年)を前に、立場〔原文では「見解」〕を変え、六一年綱領の下で宮本顕治氏(現議長)を支える最高の幹部になっていった。上田論文によれば、両氏は六三年にこの著作について「思想的、理論的弱点があった」と認め、翌年絶版措置に付された。その後同党内では禁書扱いとなり、いまでは定価の三〇倍の価格で稀にしか入手できない。若い党員のなかではこの著作の存在すら知らない者のほうが圧倒的多数であろう。それがなぜ、寝た子を起こすように、いま問題とされたのか。

不破、上田両氏の「反省」の核心は、「『論争史』の出版の最大の、決定的な誤りは、党内問題を党外の出版物で論じるという、事柄の根本そのものにあった」(不破)という一点につきる。上田氏はこの「著作のもっとも本質的な問題点は、その執筆自体が、誤った分派主義的立場の産物であったという点にある」と確認している。著作の内容についても党史を分析する観点が「清算主義的」であったとか、「日本社会党の反共分裂主義や統一戦線の展望についての甘い評価」があった（上田）などいくつか指摘しているが、「反省」の核心は前記のとおりである。
「党内問題」を党外で論じるという問題は、何を「党内問題」とするかによって大きな振幅を内包しているが、わかりやすく言えば、軽々しく、党内外で党の主流的見解と異なったり、対立する見解を話したり、書いたりするな、ということである。

執筆の動機については、両氏とも冒頭で昨年発行された『日本共産党の六十年』との関連で「反省」が必要となったと説明している。上田氏はさらに「最近、私の著作のなかの叙述が、誤った主張の合理化に持ち出された例も生まれている」と書き、むすびでも「党員理論家の研究の自由とその前提としての民主集中制の組織原則との関係が、改めて問題とされる実例が二、三生まれている」と明らかにしている。具体的な例示がないのは残念であるが、それだけのことであれば、党の最高指導者が一九年も前に絶版措置した本をわざわざとりあげて「反省」を書くほどのことはない。もう一つ別なところに、執筆させられた動機があるにちがいない。

常識的に考えて、党のナンバー2と3に「反省」を書かせる力をもっているのは、ナンバー1しかいない。そこで宮本議長の言動をふりかえってみよう。

二　「無党派主義」批判

六月の参院選を前にして、共産党は「無党派主義」への批判キャンペーンを展開した。中山千夏氏らの無党派市民連合の内紛さわぎも起きていて、このキャンペーンは参院選で無市連に票が流れるのを防止するための選挙戦術の一環としても効果をあげた。しかし、それだけではなかったようである。「無党派主義」への批判キャンペーンの出発点は、参院選一カ月前に、四月の統一地方選の総括もかねてひらかれた第四回中央委員会総会での宮本議長閉会あいさつである。宮本議長は、都知事選最終日の池袋での街頭演説で作家の小田実氏が「社共はダメだ」と発言したことを批判し、さらに次のように述べた。

《実は、この問題については彼らの団体（日本はこれでいいのか市民連合）が成立したあと、私はこれを非常に危険な兆候と考えて、一九八一年の「赤旗」の新春インタビューで市民運動にふれて、共産党を「既成左翼」というようなことで否定する、そういう反共を前提とした運動では革新全体に打撃を与えることになり、正しい方向ではない、と批判的に指摘したのです。ところがこんど調べてみると、当時委員長の私がこういう大事なことを指摘したのに、「赤旗」などでそれらを追いかけて解明したりする論文や解説がさっぱりでていない。そこにわれわれのイデオロギー活動の弱さが反映しています。》

長い引用になったが、これが一連のキャンペーンのスタート台であり、基調である。この宮本議長発言と不破・上田「反省」論文とは深い関連がある、と私は考える。

宮本議長がいちはやく警告を発した八一年――この年の共産党系の『文化評論』新年号（前年

十二月はじめに発売）の巻頭を飾ったのは、上田耕一郎・小田実対談「歴史の転換点にたって」であった。この対談は、第三世界問題の位置付けが中心だったが、両氏の歩み寄りが党内外の一部で注目を集めた。その十二月下旬に問題の日市連発足集会がひらかれた（「赤旗」は、はじめはこの新しい市民団体の発足集会について好意的な小さな紹介記事を書いていたが、集会当日には「反党分子」の参加を問題とした批判的な囲み記事を発表した）。

一年後、第一六回党大会を前に、八二年四月末、対談を引用した上田副委員長の新著『現代世界と社会主義』が大月書店から出版された。上田氏は「小田氏との対談は、立場のちがいもありますが、問題意識の接近もあり、対談した私自身にとっても知的刺激のある、そして愉快なものでした」と感想を語っている。そして、この上田氏の新著を小田氏が『文化評論』九月号で好意的に書評した。

こうした両者のエール交換は宮本議長からみれば、我慢のならないものに映ったのではないか。前述の四中総あいさつの文脈によれば、八一年正月早々「大事な」警告をしているのに、「追いかけて解明」するどころか、上田副委員長は小田氏との対談を「知的刺激のある愉快なもの」と語っているのだから。

今度の参院選直前の五月末、上田・小田対談掲載当時の『文化評論』編集長河邑重光氏の『既成左翼』否定論の社会的役割――日市連とその代表としての小田氏の主張にたいして」という長大な批判論文が、「赤旗」に三日間連載された。これは宮本議長の意を体した論文だったとみてよいだろう。

こうして、異例の不破・上田「反省」は、どうやら、小田氏らに代表される無党派市民層に対する〃甘い姿勢〃を封殺することに、そのかくされたねらいの一つがあることが浮かびあがってくる。言い方を換えれば、共産党と他の左翼諸勢力との統一行動、統一戦線をどのように理解し実践するのかという点をめぐる共産党内の傾向の相違が表面化したのである。

それにしても宮本議長は、なぜ、無党派市民の動きを警戒し、党派性をより強調する必要にかられているのか。党勢と党活動の現状にたいする危機感こそがその動機にちがいない。六月の参院選の結果をみてみよう。

三　立ちふさがる現実の壁

先の参院選比例代表区で、共産党は大方の予想をこえて四一六万票を得た。しかし、不破委員長は、テレビで「大局的にいって大きな前進だと思っています」と慎重に答え、翌日の「赤旗」の常任幹部会声明では〃前進〃とすら書けず「重要な成果をかちとる」としか表明していない。地方区で一八〇万票減らしているし、この間、党勢は減退し、参院選で下部活動家は燃えなかったからである。

四中総の不破委員長の結語では「(統一地方)選挙期間中、集金にいかない〔『赤旗』〕読者が七十万をこえるということは基礎票のけちらし運動をやっているということである」と述べている。公称三百数十万部のうち五部に一部は集金にもいっていないというのだ。中央の指導文書の読了率もこの間どんどん下がっている（一月の三中総では三〇％）。また、活動の質の点でも自分の選挙にだけ熱心になる「地域セクト主義」が問題となり、四中総直後の全国都道府県委員長会議では、宮本議長は『地域セクト主義』なんていう上品なものでなくて露骨なブルジョア個人主義」「ブルジョア議会主義的な個人主義」だと口をきわめて叱責している。現に小田原市などでは、個人後援会の存続にこだわって除名された市議会議員も出ている。

六年前の第一四回党大会で「五〇万党員、四〇〇万読者」を目標にかかげ、なかなか実現できないのに、「わが党は上げ潮」（一四大会九中総、宮本委員長、七九年十月）などと強がりを語ったこともあるが、結局、党勢は依然として「上げ潮」どころか、引き潮に悩んでいるというのが実情である。

共産党が今日ぶつかっている壁は大きくいって三つある。

第一に、日本の社会がますます多元化してゆくなかで、その影響が共産党組織にも大きく作用することである。新左翼運動は今日みる影もなく衰退しているとはいえ、なお根絶やしになってはいない。共産党アレルギーを強く残す市民運動は相変わらず、広く活動している。惨敗したとはいえ無党派市民連合は五一万票を得た。これは六〇年安保闘争の前年の参院選全国区での共産党の得票とほぼ同数である。

参院選最中の六月一九日に、新左翼系の市民集会がひらかれた。「赤旗」は、「無党派市民連合ニセ〝左翼〟を激励」と写真入りで報道したが、この集会の呼びかけ人には、小田氏のほかに都知事選に社共の共同候補として出馬した松岡英夫氏や『文化評論』の背文字をかざる三宅泰雄氏などが名を連ねている。宮本議長にとっては許しがたいことにちがいないが、これが現実である。

いま一つの動向は、党員研究者、あるいは友好的研究者のなかで、党中央から判断すると「分派主義的傾向」と認定できる動きがスターリン主義研究を軸に数年前から芽ばえていることである（拙著『スターリン主義批判の現段階』稲妻社、参照）。前衛党の組織論をめぐる四年前の田口富久治名大教授と当時の不破書記長の論争での官僚的反論封殺、批判派の発表の場だった『現代と思想』（青木書店）の突然の廃刊（八〇年七月）によって、この傾向にブレーキがかけられたかにみえた。しかし、トロツキーのいうように「官僚の力よりも歴史の力は強く」、この傾向はその後も生きている。さらに、この傾向の一端として、私たちの〈日本共産党との対話〉のよびかけに応じて登場するいく人かの労働者党員がいる。

第二は、党のイデオロギー活動の衰退である。これについては共産党側でも自認せざるを得なくなっており、先に引いた四中総宮本閉会あいさつも言及しているし、日本民主主義文学同盟内部の問題に関連して、不破結語でも「そういう問題でのイデオロギー活動が全体として弱いことの重大な結果だ」と確認している。事実、「真の平和綱領のために」の提起（八一年六月）いらい、この二年間、みるべき理論的提起はまったくない。七〇年代には、内容の当否は別にして

「民主連合政府綱領」や「自由と民主主義の宣言」などが勢いよく高唱されていたのに。

第三は、大衆運動の位置づけの問題である。たしかに建前としては「大衆運動と党建設の二本足の活動」という定式がときどき強調されるが、実際は大衆運動が軽視され、「赤旗」拡大と「基礎票構築」に偏重してしまっているのは歴然である。この問題は「人民的議会主義」の総括にかかわることである。

四 タガはめの強化は無効

以上にみたような党勢や活動の実情にたいして、宮本議長を主導力とする共産党中央は、上からのタガはめの強化によって事態を解決できると考えているようである。果して成功するだろうか。残念ながら、成功するはずはない。タガはめが効くだけの強さが下部党員にあればよいが、中央の文書もロクに読まない党員の質ではタガが強まれば、党をやめてしまう。また、上からのタガはめの強化は理論活動のいっそうの枯渇を招くだけである。

日本共産党がこの停滞状態とジレンマからぬけだすにはどうしたらよいか。

なによりも必要なのは、開放的な党風を形成することである。「大衆的前衛党」にはそれに相応した組織論が必要なはずである（これが先の田口氏の提起でもあった）。いわゆる無党派市民との関係においても、ただ原則的な批判をぶつけるだけでは問題をこじらせるだけであり、必要なのは立場のちがいを前提にしたうえでの、行動における協力のつみ重ねなのである。問題とされた小田実氏にしても、先の河邑論文でもとりあげられた今年三月の日市連の集会で、社会党はダメで、選挙では共産党に投票したほうがよいとも語っていた。「日共＝反革命」とする新左翼のセクト主義とは一線を画さなければならないが、共産党を批判する者すべてを敵にまわすのは誤りである。

開放的な党風を形成すれば、理論活動も活発となり、豊かな政策と展望も生まれる。そうすれば、いま党内で問題となっている文書の読了率も上がるし、無党派市民との良好な協力も可能となる。この道を選択できるのか否か、日本共産党はいま、一年前の第一六回党大会で試みた〝世代交代〟の成否がかけられた重大な岐路に立っている。

〈注〉日本民主主義文学同盟が編集する『民主文学』八三年四月号に小田実氏の論文が掲載され、文中、昨年十二月の野間宏氏を団長とする文学者訪中団についての記述があり、この論文に「感謝する」旨の編集後記も書かれた。しかし、このことが中国による日本共産党への干渉問題をあいまいにするものだと批判され、この号は「赤旗」に広告ものらず、五月の同同盟第一〇回大会で編集部が自己批判した。いま一つは、同盟議長霜多正次氏の小説『南の風』をめぐってかなり根の深い見解の相違が露呈され、議論になっている。

〈本書収録時の追記〉

・この論文に対して、「赤旗」は「日本共産党への『新手』の中傷かく乱にたいして」なる反論を掲載した（一九八三年九月二五日）。

この時期――一九八二年一〇月から八四年五月までは、「赤旗」はこの反論も含めて五回、村岡に対して「批判」を加えた。私も、『朝日ジャーナル』『労働運動研究』『現代の理論』「稲妻」に数回にわたって応じた。そのすべての経緯は、『岐路に立つ日本共産党』（稲妻社）の「あとがき」にまとめてある。

・文中の日市連の発足集会で、私はフロアから発言し、その発言は「内ゲバ世代を乗り越えて」として『続・日本はこれでいいのか――発足集会の記録』に収録されている。

・一九九五年の阪神大震災以後、明示された説明はないが、小田実と和解が成立したようで、近年は小田は「赤旗」に大きく顔写真入りで登場している。

・宮本顕治が引退した一九九七年の第二一回党大会で「無党派との共同」が強調され、長野県、徳島県など各地で実践されている。近年は、かつて「反党分子」とレッテルを貼られた人への対応も甘くなっている。例えば、一九九八年に亡くなった文学者佐多稲子の死亡記事が掲載されたり、最近では共産党のホームページからリンクされている「住基ネット差し止め訴訟を支援する会」の賛同人にはこれまで共産党が敬遠していた氏名が数多く記載されている。

Ⅱ 「一国一前衛党」論の誤り

日本共産党は、〔一九八四年〕七月二五日、「赤旗」無署名論文「科学的社会主義の原則と一国一前衛党論――『併党』論を批判する」を発表した。「併党」という耳なれない言葉がにわかに問題になったのは、この論文でも明らかにしているように、今年一月にスペインで共産党が分裂し、別党が結成され、この親ソ派の新党をめぐって、ソ連共産党がこの二つの共産党をともに認めるという新しい考え方を打ち出してからである。一つの国に複数の共産党の併存を認めるから「併党」と表現されることになった。

直接的には共産党の組織論にかかわることであるが、さらにひろく統一戦線論にも関係するし、ひいては社会主義社会における政治制度――人間の政治的自由と権理の問題にも関係するがゆえに、この問題は改めて多くの人びとによって検討される必要がある。すでに私は、宮本顕治議長が日本共産党の一全協〔一九八四年三月〕で「併党論」への批判を加えたことをとりあげ、「歴史の不可逆的な流れにさからうものであり、セクト主義の助長にしか役立たない(1)」と批判した。また、スペイン共産党の動向についても「スペインの親ソ派新党をめぐって」で、後述する問題の文章を引いて「この一句はきわめて重要な意味をもっている。一国＝一前衛党というコミンテルンいらいの『唯一前衛党論』の放棄を意味するからである。これは『政治的多元主義』に通じ、スターリン主義の克服の政治的通路となる」(2)と明らかにした。長大な論文が発表されたので改めてこの問題を考察する。

一 「七・二四論文」の内容

まず、この無署名論文の要旨を紹介しよう。論文は次の五章構成をなしている。

一、干渉主義者の「併党」論
二、科学的社会主義と一国一前衛党の原則
三、大国覇権主義による一国一前衛党論の重大な歪曲
四、自己矛盾の結果としての「併党」論
五、科学的社会主義の一国一前衛党の原則の擁護と発展のために

内容の検討に入るまえに、この章立てを一見しただけでもこの論文の粗雑さと低水準に気づく。一と三、二と五は章の立て方が同じ論点を重複することになっている。

一章では、今年一月二二日にソ連共産党中央委員会がスペイン共産党（正統派のイグレシアス書記長の方）に送った書簡の問題の一節を引いて、事の発端を示している。重要な内容だから引

用しておこう。

《われわれはあなたがたに、二つの共産党が存在する国ぐに（たとえば、スウェーデン、インド）で、ソ連共産党がその双方の党と関係をもっていることをお知らせすることができる。》

――これが問題の核心である。

さらにここでは中国共産党の場合についてもフランス、ベルギーなどで正統派の共産党とマルクス・レーニン主義共産党との二つと公式の関係を保っていることをあげている。

二章では、マルクス、エンゲルス、レーニンがこの問題をどのように説いていたかを古典の引用によって示し、いずれも「一国一共産党」の立場に立っていたとし、コミンテルンでは「各国にただ一個の・統一的共産党が存すべきである」との原則が確認されていたと明らかにし、「分派禁止」を正当化している。

三章では、「スターリンによる歪曲」を取りあげ、再び「中ソ両大国の党による歪曲」を述べている。中ソ論争展開中の一九六四年にはソ連共産党は、各国にマルクス・レーニン主義の別党づくりの策動を進めていた中国共産党にたいして、「同一の国にいくつかの共産党が存在するのは『法則にかなったことだ』というテーゼをもちだした」ことを「根本的に有害な考え方」として批判していた。

四章では、「ソ連共産党も中国共産党も、一連の資本主義国については、共産党が複数で併存してもかまわないとする『併党』論をつかうが、自国にたいしてはそういう『併党』論を許容しない」ことを「矛盾性」「重大なごまかし」として批判する。また、「分派禁止」と関連させて、一九七九年の日ソ両党会談での合意（ソ連派の志賀グループなどの否認）をもちだして、「かつての言明と矛盾している」とソ連共産党を批判している。

五章では、「自主独立の路線」に立つ日本共産党の立場をまとめとしている。

以上のように、この論文は長大ではあるが、論点はきわめて少ない。

改めて要点をまとめれば次の六点となる。

①「併党」論は、「社会主義大国」の「覇権主義」「干渉主義」の産物である。
②マルクスやレーニンは「一国一共産党」の立場に立っていた。
③「一国一共産党」論の否定は「労働者階級の統一」や「前衛党を否定」することになる。
④「一国一共産党の原則」こそ、「各国共産党の自主独立、内部問題不干渉」という各国共産党間の関係を保持する「前提」である。
⑤「併党」論は「分派禁止」と矛盾する。
⑥ソ連共産党も中国共産党も自国内で「併党」を認めないのは矛盾している。

これらの論点の検討にすすむ前に、いま一つ明らかにしておかなければならないことがある。この長大な論文には重要な欠落がある。論文は表題のとおり「一国一前衛党」を主題にしているわけだが、そこで問われている問題を、〈今日における前衛党のあり方〉として設定することにはだれも異議はとなえないであろう（この論文自体も各国の共産党の関係・あり方を問題にしている)。問題をこのように設定しなおすと、すぐに大きな欠落に気づく。この論文は、①統一戦線論、②「社会主義社会」での複数政党制論、③大衆的前衛党論、の三つの重要問題を関連させて論じないばかりでなく、一言も言及さえしていない。このあまりの視野狭搾症にはおどろくほかないが、それは偶然ではない。後述するように、この論文の本質的誤りが招いた必然の結果なのである。

これらの重要な欠落とも関連させて、次にこの論文の内容を検討しよう。

二 批判的検討

〔1〕「一国一前衛党論」の誤り

第一の問題は、一国一前衛党論の根本的論拠にこそある。論文は二章のはじめの節「マルクス・エンゲルスの立場」で次のように説明している。

《一国に『複数』の前衛党を想定することは、階級をばらばらにし、プロレタリアートを自覚的な階級として結集することを不可能にし、結局、階級全体を指導する前衛党の存在そのものを否定することになる。》

これがこの長大な論文の核心をなす主張である。したがって、二章についてややくわしく検討してみよう。

論文のこの条りを通読すると、すぐに気のつくことがある。論述が不整合なのである。この節は、『共産党宣言』からはじまるのであるが、まず「同じ労働者階級の内部においても、さまざまな傾向や潮流が生まれるし、それにあわせて労働者階級に基盤をおく複数の政党が存在しうる」と確認している。「共産主義者は、他の労働者諸党に対立する特別の党ではない」という『共産党宣言』の言葉も引用している（ここまでは正しい）。ところが、論文はここで「しかし」という逆接のつなぎをはさんで「階級闘争全体の利益を代表しうる党は……一つしかないことを〔マルクスとエンゲルスは〕強調したのである」と非論理的に結論し、さらにこの結論を補強するためにレーニンの引用――それも後にみる一九二一年の「分派禁止」を決議したロシア共産党第一〇回党大会の決議案からの引用にたよっている。これは何ともおかしなことである。「レーニンの立場」は次節の柱となっているからである。ここはマルクスとエンゲルスの節である。

この論述の不自然さ、反論理性に、実は先の〝根本命題〟の誤りが反映している。もう少しガマンしてつきあうと、この節ではつづいて第一インターの規約を引いて「マルクスは、労働者階級は一致団結した力に依拠しなければ勝利できないという見地にた」っていたと確認し（これも正しい）、同規約にある「全国的団体」を勝手に「換言すれば単一のプロレタリア組織」と解釈している。折角「換言す」るのなら、「単一の共産党」としたほうが論旨にそうはずなのに、さすがに「プロレタリア組織」としか換言できなかった。つまり、この節ではマルクスとエンゲルスは「単一の共産党」を主張していたことを実証できなかったのである。先の「全国的団体」を今日の言葉に換言すれば〈統一戦線〉と理解するのが正しいが、その点は後述する。

次に「レーニンの立場」の節では、「一国一前衛党の見地は、レーニンにとってはじめから不動のものでした」と結論を示し、レーニンのボリシェヴィキが当時の解党主義的傾向と明確に決別した歴史的結節点である一九一二年のプラハ協議会をその見地の「体現」としてとらえ、さらに二一年の第一〇回党大会での「分派禁止」を「その到達点の一つとして今日も重要な意義をもつ」とし、「党の統一と分派の存在は両立しないという立場を確立した」という理解を説いている。

「分派禁止」問題については項を改めて考えるが、プラハ協議会の理解をはじめ、レーニンの前衛党に関するここでの説明は、一面的ではあるが、その限りで誤りではない。問題は一にかかって、その「一国一前衛党論」が今日もなお有効性を有するかの一点にある。だが、この論文は、前項で引いた論拠以外には何一つ正当化の論拠を示していない。

そこで元にもどって前記の〝核心的一句〟を検討しよう。一体なぜ「『複数』の前衛党を想定することは階級をばらばらに」することになるのだろうか。この複数の前衛党がたえずケンカばかりして共同行動をよしとせずばらばらに活動すれば、確かに「階級をばらばらに」するだろう。しかし、もしこの複数の前衛党が協力し、共同行動を重ね、強固な統一戦線に結集することが実現すれば、「プロレタリアートは自覚的な階級として結集する」のである。先に、この論文には「統一戦線」という言葉さえ一度も出てこない点に注意を喚起しておいたが、その理由はすでに明らかであろう。

さらに、後半部の「階級全体を指導する前衛党の存在そのものを否定する」はどうか。まず、「階級全体を指導する」とはどういうことか。もし言葉どおりに一人のこらず労働者を指導するという意味であれば、他の政党の存在の余地はなくなる。いや「指導」であって「誤導」はふくまない(他の党は誤導しているだけだ)という理屈になるのか否か分らないが、その場合は、指導の正しさとは何かが問題となる。無謬の党の神話をよしとする以外には、この理屈もなりたたない。つまり、ここではそもそも〈前衛党とは何か〉が問われているのであり、「階級全体を指導する前衛党」という理解が根本的に誤っているのである。複数の共産党を認めることは前衛党の存在を否認するとなぜ言えるのか、論理的説明は何もない。説明のかわりに「結局」という接続詞がはさんであるだけである。実証と論証はちがうし、まして接続詞だけで原則の正しさを論証できると思うのは、仲間内の符丁で事が足りる、永遠の少数者=セクト主義集団にすぎない。

さらにこの章の次の節「レーニンとコミンテルン」では、二〇年の第二回大会のテーゼで「各国にはただ一個の、統一共産党が存すべきである」と原則を明示したと明らかにしている。これも事実の確認にすぎない。

ところが、次の章でこのコミンテルンの解散(一九四三年)にふれ、解散は「……レーニンによって確立された一国一前衛党の原則をさらに明確に徹底させるものであった」と解釈している。まったく強引な我田引水にすぎない。逆の見方に立てば、コミンテルンの解散は、先に引いた

「一国一前衛党」の原則の破産のあらわれ、あるいははじまりと理解することも可能である。

なお、前引用省略部分には「マルクス・エンゲルスが追求し」とあり、未確立であったことを白状し、前章での論述を自ら反古にしている。せめて「打ち出し」と書くのでなければ、論述の一貫性すら保持できない。「追求」には暗中模索のニュアンスがともなうからである。こうした目配りに欠け、味のない作文である点も、この論文の特徴なので、合わせて書きとめておこう。

以上で、本稿前節で整理した②③の論点は、不正確であるばかりか、今日的有効性を何ひとつ論証できない見解であることが明らかとなった。それが誤りであることは次節でわれわれの積極的な見解の提示をとおして明示する。

〔2〕分派禁止問題

第二の問題は、「分派禁止」問題である。この問題は数年前にも不破哲三書記局長（当時）と田口富久治名古屋大学教授との論争で争点の一つとなり、榊利夫理論委員長（当時）は『民主集中制論』（新日本出版社）で藤井一行富山大学教授の見解（『民主集中制と党内民主主義』青木書店）を批判した。この二人の見解については、その当時、私は全面的な批判を加えたので、(3) その参照を求め、次の点だけ確認しておきたい。批判の要点は①プラハ協議会を境に、その前期のレーニンは分派容認だったが、後期は「分派禁止」の立場だったという解釈は史実と合致しないこと、②二一年の第一〇回党大会の「分派禁止」をレーニン組織論の「新しい到達点の一つ」と理解することは誤りであること、の二点である。

「分派禁止」問題で今日とくに明らかにしなければならないことは、この「分派禁止」決議がスターリン主義形成の組織的武器に転化させられたことの解明である。

また、この問題の核心は、分派を禁止するか否かにあるのではなく、党内外で異なった意見の活発な論戦をいかに組織するかにこそある。レーニンが終始一貫してつらぬいた「公然たる論戦による争点の明確化、それを通じてのより高い次元での思想的統一、見解の相違の止揚」(藤井前出著作)という作風にこそ学ばなければならない。この点では、藤井の前著が、一九一八年のブレストリトフスク講和問題を素材にして、ボリシェヴィキの論争のあり方を活写していて、必読の文献となっている。わざわざ「元赤旗特派員」の肩書きを付して、M・ウォーラーの『民主主義的中央集権制』(青木書店)を訳出した岩名やすのりが同訳書あとがきで、さまざまな「見解の表明と流通の自由」の重要性を提起していることを紹介しておきたい。

結論だけいえば、「分派禁止」は特定の歴史的状況の産物であって、決して不易の原則ではないのだ。これで、前節まとめの⑤も片づいた。残る論点は①④⑥であるが、一括して検討しよう。

[3]「干渉主義」の問題

第三の問題は、日本共産党のいう「社会主義大国の党の干渉主義」の問題である。この点については、周知のようにソ連共産党と中国共産党による日本共産党にたいする干渉は歴然であり、この論文の主張も部分的には肯定すべきである。それらの干渉に抗して日本共産党が「自主独立の立場」を形成してきた点については、その背後に〝日本民族主義〟という重大な誤りをともなっていた点を看過してはならないが、その積極面については同時に評価する必要がある。だが、問題はさらにその先にある。日本共産党は、「各国共産党の自主独立、同権、内部問題不干渉という共産主義運動の原則」と事あるごとに強調し、それを自明の理としているが、事はそれほど簡単ではない。「内部問題」とはどこに限度があるのか。「干渉」と必要な批判の境界線の基準はどこにあるのか。

先にも一言したように、全体に粗雑なこの論文にはこのような問題意識はゼロであるが、上田耕一郎副委員長は少しちがった説明をあたえている。二年前に著した『現代世界と社会主義』(大月書店)には次のように書いてある。

《わが党は……ソ連や中国の内政には干渉しないという当然の態度を堅持しています。そして……ソ連や中国の内政問題にみえても、干渉の問題、軍事ブロックの問題、人権問題などと深くかかわっている場合、同時に国際問題となっている場合、日本共産党として見解を求められる問題については内政干渉にならない節度を守りながら党の見解を発表しています。(5)》

この見解によれば、〝純粋〟の「内政問題」の基準が示されているかにみえる。しかし、少し注意して読めば、この文章はあいまいさに満ちている。文中の「深く」の限度はどの程度なのか。「国際問題となっている」とだれがどこで判定するのか。「見解を求められる」とは、だれによって、かつ可能性も含めてのことか否か、なにも明らかではない。他党が中央機関紙誌で批判を加えた場合、とでも書いてあればはっきりするが、「求められる」だけでは、仮りに私が求めた場合はどうなるのか。そして何よりも最後の「節度」の基準は何か？

具体例を一つだけあげよう。日本共産党は一九八一年末のポーランドの戒厳令発動について批判を表明しているが、これはヤルゼルスキ首相にとっては、不当な内政干渉と受けとめられていて、一度は約束された「赤旗」特派員の駐在も取りやめとなっている。

つまり、一見すると明らかなようだが、「干渉」の限度は、どの場合も、相手の受けとめ方にも拠る、相対的なものにすぎない。したがって、「干渉はやめろ」と一般的に主張するのではなく、具体的事実に応じて、その程度を労働者人民の前につまびらかにし、その当・不当を示し、あるいは人民の判断をうける以外に、問題解決の道はないのである。先のポーランドの例でいえば、仮りに「連帯」のワレサ議長が組閣することにでもなれば、戒厳令発動への日本共産党による批判は、正しい国際的支援と評価されるであろう。

このように考えれば、「一国一前衛党の原則」を、各国共産党間の関係の原則にとっての前提にするのは二重の誤りにすぎないことが明白になる。

最後に、ソ連と中国の共産党は自国では複数の共産党を認めないではないかという批判について考えてみよう。この点だけは、この論文のなかでただ一つ論理的な説明となっている。他国でよいものを自国でよくないというのは、「矛盾」にちがいない。だが、この「矛盾」の解決策には二つの方向がある。

日本共産党は、だから他国に複数の前衛党論を押しつけるなというが、逆に、だからソ連も中国も自分の国でも複数の前衛党を認めろ、と主張すればよいだけである。ソ連での複数党の萌芽としては、フルシチョフが工業と農業とに党を二分しようとした試みがある（上島武「『フルシチョフ時代』に関する一考察」『大阪経大論集』第一五八号＝一九八四年、参照）。

〔4〕ユーロコミュニズムとのちがい

こうして、この長大な論文は文字通り結局のところ「一国一前衛党論」の正しさを何一つ明らかにできなかったのである。その最奥の理由は、すでに歴史の現実が「一国一前衛党」の限界をこえて進んでいるときに、古い原則にしがみついているからである。一方では（この論文ではふれていないが）、レーニン時代とちがってマスコミが発達しているから「大衆的前衛党」が必要だと、レーニン主義の組織論の核心の一つを変更しておいて、「分派禁止」や「一国一前衛党論」だけは歴史貫通的な不動の原則とするところに無理があるのだ。

次節にすすむ前に、日本共産党の「一国一前衛党論」は、数年前には「ユーロ・ジャポ・コミュニズム」なる新語まで作ってその一体性を強調していたユーロコミュニズム諸党の前衛党論とはいちじるしく異なったものであることを、ごく簡単に確認しておく。

スペイン共産党のサンチャゴ・カリリョは、数年前に書記長のときに著した『「ユーロコミュニズム」と国家』のなかで、新しい前衛党について次のように説明していた。

《……共産党は真に創造的なマルクス主義的態度を体現しているかぎり、引き続き前衛党である。しかしもはや労働者階級、勤労者、文化の諸勢力の唯一の代表とは考えていない。……具体的な諸問題に対するいろいろな方針や解決策の競合を、正常なもの、奨励しなければならぬものと考えており、場合によっては、他の党が具体的な情勢の分析において、共産党よりも正しいこともあるということをちゅうちょなく受け入れている。マルクス主義的方法は、われわれの排他的な所有ではない(6)。》

同じくカリリョは『明日はスペインだ』では、さらに〃刺激的〃な見解を表明している。

《……共産党の内部には討論の真の自由がなければならない……重要な問題について討議するときには、党の新聞、出版物においてさえも異なる立場を表明しうるのでなければなりません。……もしもある時点で、その人びとが共産党のなかで居心地がよくないと感じ、他の社会主義グループにもっと近いと感じたならば、かれらはそのグループに加入すべきであり、それが裏切りと見なされるべきではありません。肝心なのは、いっしょに活動しつづけることができるということです(7)。》

事あるごとに離党者を「反党分子」と非難し、拒絶する日本共産党の指導者が聞いたら、卒倒しそうな見解である。

イタリア共産党の場合については、党指導部員で書記局員のジョルジュ・ナポリターノの見解を一つだけ引いておこう。イギリス共産党員で歴史学者のE・J・ホブズボームとの『イタリア共産党との対話』の一節である。「マルクス主義にかんする対話」の必要性を確認したうえで、その対話にとっては次のような態度が必要だとしている。

《その際、自分だけがマルクスおよびマルクス主義についての真理を知っているとか、唯一の正真正銘の解釈をにぎっているといった厚かましい主張をだれもがしないこと。マルクス主義者というレッテルを許可するとか、禁止するといった厚かましい主張をだれもがしないことが必要なのです。(8)》

一読して明らかなとおり、ユーロコミュニズムの指導者は、複数前衛党論に立脚して発言しているのである。

三 新しい原則を

では、今日における前衛党はどのようなものとして位置づけられるべきなのか。一般的に、他人の見解の欠陥を指摘することは、自分で正解を書くよりもやさしいが、労働者人民にとって必要なのはまさに正解なのである。この課題について全面的に論述する紙幅はないが、核心的要点をごく簡単に明らかにしよう。そのことを通して、日本共産党の「一国一前衛党論」の誤りも明確になる。

まず第一に、前提的に明確にすべき点は、前衛党の必要性である。何をいまさらと思う人もいるだろうが、この間の左翼の混迷状況の深化のなかで前衛党を不要とする考えがひろがっている。市民運動の担い手ばかりではなく、新左翼セクトのなかですら、この考えが生みだされ、解党主義的傾向が強くなっている。「前衛党と大衆運動」というかたちで問題を提起すること自体がまちがっていたと「反省」する傾向が生みだされている。われわれは、こうした前衛党不要「論」や解党主義的傾向にたいして、歴史上いかなる革命もその政治指導部なしに勝利を手中にした例はひとつもなく、打倒すべき国家権力が日夜、支配の維持のために政治的集中力を働かせているがゆえに、革命の勝利のためには、労働者人民の政治的指導部の形成が不可欠の主体的要件であることを明確にしなければならない。前衛党とはこの政治的指導部いがいの何者でもない。つまり、前衛党の必要性を認めるとは、諸闘争において政治的指導の必要性を認めることにほかならない。管理主義反対だとか、反教育などという正体不明のイデオロギーが一部でもてはやされ、「指導する」と考えること自体を誤りの根源であるかにみなす傾向が生まれているが、そうした即自的認識は誤りである。

〈指導〉や〈教育〉を即自的に拒否する傾向が生みだされることにも、もちろんその物質的基礎はある。誤った指導や歪められた教育があまりに多いからである。重要なことは、指導を一方的な上下関係として固定化することを避ける点にある。一度なにかの問題で指導的役割を果すことができた人間やその集団が、次の問題でも同じ能力を発揮しうるか否かはあらかじめ決定済みというわけではない。しかも、マルクスが「フォイエルバッハ・テーゼ」に書き記したように「教育者自身が教育されなければならない」のである。教えている教師が、その生徒の問いを数多く引きだし、ともに解答を創出する。また、ある問題のエキスパートでも別の問題では、彼の生徒の専門的知識に教えられることもあり、その時はこの生徒が彼の教師となる。このような意味においてこそ、〈指導〉と〈教育〉は必要なのであり、前衛党が必要なのである。

第二に明確にすべきは、提起されている課題の総体性と解答を見いだそうとする主体の有限性という問題である。課題の複雑さ・巨大さ・総体性は、認識過程の集団性・組織性を必要とし、この点からも前衛党の必要性は基礎づけられるのであるが、どのようにすぐれた組織性をつくりあげても、有限な個人の集団であるかぎり、全ての課題にいつも正解を出すことは不可能である。したがって、前衛性は、〈部分的前衛性〉としてのみ存在する。ある課題についての真理は一つであるが、課題は数多く提起されており、真理の体現者が一つであるとする根拠は何もない。

日本共産党の「一国一前衛党論」の根本的誤りは、この〈部分的前衛性〉の認識が欠落している点にある。「七・二四論文」には、この真理認識の唯一性という認識論上の問題についてもふれていないが、彼らの立場に立って自説を正当化する根拠はこの点にしかない。いずれ、この点からの解説――まちがった根拠づけが書かれるであろう。

第三に明確にすべきは、党内論争の活性化こそが前衛党の生命力の核心的要件である点である。藤井一行の見解の積極的論点を先に引いておいたが、従来、この点で見おとされている側面についてふれておきたい。前衛党が活発な党内論争を公然と展開する基礎は何かという問題である。個々の党員や党の機構や作風・伝統の成熟がその基盤であることはいうまでもないが、もう一つその党をとりかこむ労働者人民の意識の成熟という問題を看過してはならない。党内論争の展開をその党の弱点の露呈としてしか把えられず、あの党は内輪もめしているなどという「批判」にうつつをぬかす他の党がそれなりに有効性をもつような幼弱な政治風土のなかでは、党の指導部は自己防衛のために党内論争に消極的な姿勢にならざるをえない。もし労働者人民の政治意識が成熟して、党内論争を公然と活発に展開している党こそ、すぐれたものと認識することが常識となれば、各党はきそって党内論争を展開するであろう。

日本共産党は、この視点から考察すれば、根強い反共風土のなかで、戦前には非合法下の弾圧を一身に受け、ことあるごとに反共ジャーナリズムがねらいを定めている条件の下にある。この点を見ずに、日本共産党には党内論争の公然たる展開が少ないとだけ批判するのは片手落ちである。もちろん、困難な客体的条件だけが根拠というわけではないし、その主体的根拠は、われわれが一貫して指摘しているように〈理論的能力の枯渇〉にこそある。「分派」を容認するかいなかは二次的問題にすぎない。

第四に明確にすべきは、国際的関係において前衛党をどのように位置づけるかの問題である。「大国主義的干渉」の問題については前述したが、この点もやはり、労働者人民の政治意識の成熟に帰す。ソ連や中国の共産党からの、いわば〝お墨付き〟を正当性の証しと考えるような幼弱な意識を払拭することこそが重要なのである。この点で労働者人民の政治意識が成熟すれば、ソ連や中国の共産党による支持を金科玉条とするふるまいは物笑いの種になるだけであり、そうした「干渉」は当事者の不人気の原因になるだけで、対抗している党にとっては不利なことではなく有利なことになるだろう。

コミンテルンは解散し、世界党会議も久しく開かれてはいないが、一国に複数の前衛党が存在することが一般的になった場合には、その種の国際的会議にはおのずと新しいルールが形成されるであろう（国内の政治的勢力比率に応じて発言権を比例配分することになるかもしれない）。党の結集の場ではないが、すでにヨーロッパでは反核運動のなかで、同じ問題が提起されている。END（ヨーロッパ核軍縮運動）の国際会議に東ヨーロッパの自主的反核組織を招く動向が生じているが、東欧諸政府は〝当然にも〟それに反対している。しかし、自主的組織が成長すれば、事態は一変するにちがいない。そのとき、日本共産党は、一国一団体の原則を唱えるのであろうか。「本流」だけの国際会議を、などというのはマンガにすぎない。大衆運動のレベルで生じることは、やがて党のレベルでも問題になるのは必然なのである。

こうして、われわれは、「一国一前衛党論」はどのような意味においても今日性を失った過去の数条にすぎないことを理解しうるのである。すでに紙数はつきたが、複数前衛党の考えに立脚してこそ、統一戦線も複数政党制も正しく展望できるのである。

〈注〉

（1）拙稿「〝ポスト宮本〟をめぐる幹部間の確執」『朝日ジャーナル』一九八四年五月四日。『岐路に立つ日本共産党』一二三頁。

（2）拙稿「スペインの親ソ派新党をめぐって」『現代の理論』八四年六月号。

（3）拙稿「田口・不破論争の限界は何か」『スターリン主義批判の現段階』参照。藤井、榊の著作の書評も同書に収録。

（4）拙評「図書新聞」八三年一月一五日、参照。

（5）上田耕一郎『現代世界と社会主義』大月書店、四九頁。

（6）S・カリリョ『「ユーロコミュニズム」と国家』合同出版、一三三頁。

（7）S・カリリョ『明日はスペインだ』新日本出版社、二七〇頁。

（8）ナポリターノ／ホブズボーム『イタリア共産党との対話』岩波新書、一八七頁。

〈『変化の中の日本共産党』収録時の追記〉

本稿執筆後に、安東仁兵衛より、「複数前衛」の考え方は、同氏が何と一九六二、三年ころにすでに提起していたと教示された。不明を恥じるとともに、なぜその提起がほとんど伝わっていないのか、換言すれば前衛党の認識として継承・発展させられることの決定的重要性を改めて強調したい。昨秋〔一九八五年〕の社会主義理論フォーラムで〈複数前衛党論〉を主張したものは私いがいにはいなかった。高屋定国がフォーラム会報で私の提起を「発展さすべき」と感想をのべている（番外号、八五年十二月一〇日）。安東の提起については『現代の理論』二号（一九六四年三月号）参照。

〈本書収録時の追記〉

・この論文の標題は「『一国一共産党』論の誤り」となっていたが、変更した。本文中でも何カ所か同じように変更した。批判対象である「七・二四論文」でも両方が使われていた。

・不破哲三は一九五八年に、論文「社会主義への民主主義的な道」で次のように明らかにしていた。「労働者階級のなかに存在するさまざまな傾向や部分を代表する労働者党が、前衛党である共産党とならんで存続することを認めたからといって、マルクス・レーニン主義政党による指導の必要性を放棄することにはならない（むしろ、非マルクス主義的な労働者党の存在の可能性を否認するセクト的見地は、政治的にまちがっているばかりでなく、当面の統一戦線のためにも有害である）」（『現代マルクス主義』3、大月書店、二〇七頁）。「マルクス・レーニン主義政党」などの用語をよしとしている時代ではあるが、先駆的な見解である。だからここには「七・二四論文」には出てこない「統一戦線」が登場する。この論文については、本書一四頁参照。

・『日本共産党の七十年』では、なぜなのか理由は不明であるが、一九五一年にも、六一年にも「複数前衛党論」を反対派が主張していたと記述するようになった。

・共産党は、二〇〇〇年の第二二回党大会での規約改定で「前衛党」を放棄し、二〇〇三年の綱領改定案でも「前衛党」を放棄した（しかし、党の理論政治誌は依然として『前衛』を名乗っている）。つまり、この論文もお蔵入りすることを意味している。

・今年一月に発行された『日本共産党の八十年』では、この「七・二四論文」は姿を消してしまった。

・私は、一九八九年八月に労働大学訪ソ学習団に参加した際に、モスクワのマルクス・レーニン主義研究所で開かれたセミナーで、「複数政党制の可能性」について質問した。この質問にたいして、ソ連側の研究者は「ある党が生まれた場合、それをないがしろにすることはできません」と答えた（同交流団『実践されるペレストロイカ』五四頁。訳語が「多党制」になっている）。なお、記録はされていないが、私はもう一つ、二カ月前に起きた天安門事件を例にして、政権と共産党が異なる見解を取る可能性についても質問した。この質問にたいして、外務省の次官の肩書きの方が、「それはあり得る」と答えた。不破哲三『レーニンと「資本論」』によると、外務人民委員（外務大臣）のチチェリンは、一九二一年にレーニン宛の手紙でレーニンとトロツキーがコミンテルン執行委員会から脱退するという提案をおこなったという（⑥四五七頁）。不破の言うとおり「この提案には、一国の政府の外交政策と国際的な革命運動との関連という、ことの本質にかかわる大問題がはらまれていた」。

・本稿のむすびで一筆した〈複数前衛党〉については、拙稿「複数前衛党と多数尊重制」で展開した（橋本剛・村岡到『前衛党組織論の模索』稲妻社、一九八八年）。

Ⅲ 「社会主義生成期」論の限界

一 「社会主義のイメージ・ダウン」

「社会主義のイメージ・ダウン」がひろく多くの人びとによって語られるようになって久しい。ソ連や中国の「現存社会主義」には大きな誤りや問題点があるという認識は、トロツキーの思想に早く接した一部の人びとによって、日本でも一九五〇年代後半から提起されていた。五六年のハンガリー事件が直接の契機となり、六〇年安保闘争をとおして「スターリン主義批判」が新左翼運動の共通の認識となっていった。六八年のチェコスロバキアへのソ連・東欧軍の軍事介入は、新左翼による「スターリン主義批判」に反発し、あるいはその対象とされていた日本共産党とその影響のもとにある人びとにとっても、現存社会主義にたいする疑問と批判をよびさます契機となった。同じ時期に毛沢東による権力闘争として発動された中国の文化大革命は、背後の本質がつかめないままに現象面での共感を一部に生みだし、〝ソ連がダメなら中国があるサ〟式の安易な価値転換のあだ花を咲かせたが、毛の死と四人組追放による文革の清算によって、社会主義のイメージ・ダウンはこの層にも及んだ。さらに七八年のカンボジアのポル・ポトによる民族絶滅の大虐殺と中国によるベトナム軍事介入、ベトナムによるカンボジア人民支援の軍事行動が起き、七九年末にはソ連軍がアフガニスタンに軍事介入した。こうして、マスコミの伝統的な反ソ・反共宣伝も加わり、社会主義のイメージ・ダウンは、ひろく共通認識となった感がある。

こうした社会主義のイメージ・ダウンの進行にたいして、社会の変革の展望を社会主義に求める者は、それらの否定的事象がなぜ生じ、何を意味するのかを解明し、さらに自らがめざす社会主義像を提示しなければならなくなった。この重く困難な課題を前にして、新左翼も日本共産党も立ち止まってしまった。ソ連や中国のさまざまな否定的事件のたびごとに、断罪の叫びをあげることは容易であるが、いつまで経ってもその水準にとどまっていて、いつの間にか、それらの叫びは仲間内の符丁と化してしまった。ジャルゴンの洪水のなかで、社会主義のイメージ・ダウンとともに左翼全体の混迷が深まっている。真正面から社会主義を論ずること自体が状況に合わないこととして遠ざけられるようになった。

社会主義が問題にされる場合も、「社会主義は再生するか?」という半ば否定的な脈絡においてとりあげられるようになった。したがって、その内容もスタイルに応じてくずれつつある。最近の例を一つだけあげれば、『朝日ジャーナル』が「激突シンポジウム・社会主義は再生するか[1]」を掲載している。宇野経済学の代表的論者を中心に十数人の学者が集まって話しているが、川上忠雄法政大学教授が「労働力商品化をやめてしまう」ことの不必要を〝大胆に〟提起したことに象徴的に示されているように、マルクス主義の原理があからさまに放棄されている(「労働力の商品化」を資本制生産の基本矛盾の核心をなすものとして強調することが宇野経済学の基軸的主張であったにもかかわらず)。川上ひとりに新左翼全体を代表させるわけにはいかないが、宇野経済学は新左翼に大きな影響を与えているし、その核心的主張の放棄にたいして、理論的にも衰退しつつある新左翼はどのセクトも沈黙している。こうして、はからずも『朝日ジャーナル』のシンポは、社会主義論をめぐる新左翼総体の混迷を浮きぼりにしてしまった。

日本共産党はどうであろうか。今年(一九八四年)一月、宮本顕治議長は第七回中央委員会総会で、社会主義論に関する公開討論をよびかけ、同党の理論政治誌『前衛』は四月に論文を公募した。ところが、今日にいたってもただ一篇の論文も発表されていない。四〇万をこえる党員がいながらだれ一人、よびかけに応えて社会主義論を論じようとする者はいないのが、日本共産党の今日のイデオロギー状況なのである。

とはいっても、日本共産党が現存社会主義について何ひとつ語っていないというわけではない。「社会主義生成期」論なるものが打ちだされている。また、この四月には聴濤弘が『21世紀と社会主義』(新日本出版社)という著作を発行した。聴濤は、常任幹部会委員で日ソ両党会談にも参加する理論家で、同書は発売いらい「現存社会主義の歴史と現実を理論的に深く究明」と大きな広告で絶賛されている。そこで、聴濤の新著をとりあげるが、まずは提起された順序にしたがって「社会主義生成期」論の検討からはじめよう。

二　未確立な「社会主義生成期」論

「社会主義生成期」論といわれる理論は、日本共産党が一九七七年の第一四回党大会で新しく打ち出したもので、単に「生成期論」といわれたり、「社会主義『生成期』」論と「生成期」にカッコがつけられたり、日本共産党自身も用語の統一をなお確立してはいない。

この新しく提起された「社会主義生成期」論の核心は、第一四回党大会決議の次の短い一句に示されている。

《現在、社会主義は世界史的にはまだ生成期にあり、人類の社会主義的、共産主義的未来がもつ壮大で豊かな展望を今日の到達点をもってはかるべきではない。》

いま少し説明を加えれば、この一句は次のような理解を意味している。

《それぞれの国の条件のもとで発揮された社会主義制度の優越性……を正確に評価すると同時に、これまでに形成された政治や経済の諸制度を社会主義の普遍的モデルとして絶対化することをせず、社会主義、共産主義の本来の展望を、社会主義国の今日の到達点をもってしはかる態度をきびしくしりぞける。》

つまり、ソ連や中国などで起きているさまざまな否定的事象について、それを理由に社会主義を非難するマスコミなどの主張にたいして、ソ連や中国の社会主義は「普遍的モデル」ではない。それとはちがう「本来の展望」を自分たちはめざすのだ、という方向で理解する立場を打ち出したのである。

「社会主義生成期」論のもう一つの内容は、現存社会主義のさまざまな否定的事象をどのように解決するのかという問題について、「すでに社会主義への道をふみだした国ぐにが歴史的制約性や否定的傾向を克服して前進する……」という見通しを明らかにした点である。

第一四回党大会決議では、このあとに「発達した資本主義諸国の人民」と「アジア・アフリカ・ラテンアメリカの広大な諸民族」の闘争の前進を書き加え、「これらの合流を通じて、社会主義の本来の優越性と生命力が……全面的に発揮される新しい時代」を展望していて、「否定的傾向の克服」をとりたてて強調しているわけではないが、「克服」可能なものと認識している点が重要なポイントである。

この点については、七九年末のソ連軍のアフガニスタン軍事介入のあと「覇権主義、大国主義」という表現で「否定的傾向」が強調され、あとでふれる第一六回党大会の不破書記局長の報告では、次のように「克服」の見通しが補強されたので、先まわりして確認しておく。

《いかなる社会主義国においても、労働者階級と人民が存在するかぎり、また科学的社会主義の大義と原則を擁護しようとする努力が基盤を失わないかぎり、社会主義の事業は、究極的には、その国に生まれたあれこれの逸脱を克服して……発展的に前進をとげる展望と可能

性をもっています。》

話をもどすが、この「社会主義生成期」論は、日本共産党のなかでは大きな影響をもち、高く評価された。上田耕一郎副委員長は八〇年の第一五回党大会の直前に発行した『現代日本と社会主義への道』（大月書店）で「社会主義は……『生成期』にあるとした歴史的視点は、混迷を一掃する理論的力をもった独創的な解明となりました。『眼からウロコが落ちた思いがした』という感想がきかれたゆえんです」(2)とまで自画自賛した。

その後のこの理論の扱われ方について少し注意しておこう。党創立六〇年にあたる八二年にひらかれた第一六回党大会は、大会決議の「第一章・世界情勢と日本共産党の国際的任務」の四番目に「社会主義の国際的役割と大国主義の害悪」という節を立てているが、この節には「社会主義生成期」という言葉は一回も出てこない。宮本委員長の冒頭発言のなかで六一年の第八回党大会から二〇年余の「理論的政策的成果」を数えあげた部分に「社会主義生成期論」と一項目あげられているのと、不破書記局長がおこなった中央委員会の報告のなかの同じく「理論活動の総括」のところで「社会主義の生成期論」とら列されただけである。この扱い方は明らかに、この大会では「社会主義生成期」論が後景にしりぞけられたことを示している。

不破書記局長は先の報告で、前記の大会決議の一章の四（節）に当たる部分で、「社会主義無謬論」と「社会主義完全変質論」という言葉をカッコをつけて強調し、この「二つの見地を原則的な誤りとしてしりぞげる」と説明した。「ソ連の対外政策をつねに無条件に絶対化する一種の宗教的信仰」と、ソ連と中国などは「もはや社会主義国ではなくなった」とする考えは「裏返し」の「根本的な誤りです」と強調した。党派的表現でわかりやすくいえば、ソ連（中国）盲従派も「反帝・反スタ」派も誤っているということである。この対極的な極論に陥ってはならないという注意については、私たちも賛同するが、ここで注意しておきたいのはそのことではなく、この説明につづいて、なぜ、その「二つの見地をしりぞけ」たあとに、正解として「社会主義生成期」論をあげないのかという点である。両極端が誤りだということは気づきやすく、その〝中間〟のどこに真理があるかを明らかにすることこそが必要なのである。

「社会主義生成期」論が、この時期に後景におしかくされたことは、第一六回党大会の主要内容を解説した「赤旗」の連載でも、この言葉は使われず、先の「二つの見地」が誤りであるとする説明が加えられ、また本稿でとりあげた聴濤が「学生新聞」に連載した論文でも同じく「社会主義生成期」論は登場しなかったことでも明らかである。なぜ、そうなったのか説明がないから、その理由は不明であるが、「社会主義生成期」論だとソ連や中国などの否定的事象について、生成期だから生起する、いわばやむをえないこと、という理解を生みやすいと考えたからであろう（日本共産党は、この「だから」論を否定しているが、そう受けとられやすいのも事実である）。理由はともかく、「社会主義生成期」論がこの時期に後退したことに注意を喚起したのは、この理論が未確立なものであることを知るためである。

「社会主義生成期」論の致命的弱点は、〈社会主義の世界的勝利〉という視点が不明確なことである。だから、「生成期」という形容は、具体的には何を指標として外され、言葉どおりの〈社会主義社会〉に成長するのかを明らかにしていない。

また、先に第一六回党大会での不破報告の一要点を引用しておいたが、文中の「努力が基盤を失わない」とは、日本語としてもおかしいし、何よりも問題なのは、この「基盤」とは何かが明らかにされていないことである。この大会直後から、私たちが指摘しているように、この「基盤」とは〈生産手段の国有化と計画経済〉が維持されているという現実いがいにはありえない。

ところで、ソ連の堕落した現実の変革のために「国有財産と計画経済の維持を前提とする」[3]と明確にしていたのは、半世紀前のトロツキーであった（「戦争におけるソ連邦」）。トロツキーを真正面からとらえることのできない日本共産党は、この「基盤」の内実を具体的に示すと、トロツキーの主張と同じくなることに気づき、筆を先にすすめることができなくなってしまったのである。いまや陽性の転向をあけっぴろげに表明している元トロツキストの湯浅赳男が「日本共産党であれ、ユーロコミュニズムであれ、トロツキーという名は使わないにせよ……コミュニストのソ連論というものは、トロツキー的段階である」[4]と語るとき、その限りで正しい指摘である。「トロツキー的段階」とは、ソ連は堕落してはいるが、依然として労働者国家であるという見解のことである。この見解は「堕落」に重点をおくと「スターリン主義官僚打倒」にまでいきつくが、逆に「労働者国家」に重点をおくと、帝国主義からのソ連防衛の主張になる。この曖昧さがトロツキーの弱点となっているが、それは本稿のテーマではない。

一年前の八三年に、『前衛』四月号が、「『社会主義生成期』論〈研究と討論〉」と銘打った企画を打ちだし、以後、論文を公募し、一〇月号まで五回にわたり次の七つの論文が発表された。

・長砂　実「現存社会主義」の科学的評価のために
・芦田文夫　社会主義の発展段階規定の一考察　四月号
・副島種典「生成期」論の経済的諸問題　五月号
・藤田　勇「社会主義生成期」論の論理構造　八月号
・木原正雄「生成期」論の意義についての試論
・小野一郎　現存社会主義の発展段階をどうみるか　九月号
（西口光　ソ連の社会主義発展段階の変遷）
・聴濤　弘　現存社会主義の歴史的位置づけについて　十月号

最初に発表された長砂論文と芦田論文はともに、その一年前に聴濤が『前衛』三月号に発表した「日本共産党の社会主義『生成期』論——批判者への回答」にこたえたものである。聴濤は両氏編著『ソ連社会主義論』（大月書店）に批判を加えていたからである。その意味でこの〈研究と討論〉は聴濤が発端としめくくりをともに担ったといえる。西口論文はソ連共産党の党大会での自己規定の変化を資料的に明らかにしたものである。八つの論文を検討するスペースはないが、全体として解釈学に陥り・非実践的でわかりにくい論述が多い。その典型は『ゴータ綱領批判』の解釈で「過渡期中の過渡期」などという珍用語まで飛びだしている木原論文である。〈官僚制問題〉を論じた論者はゼロである。

三　聴濤弘著『21世紀と社会主義』の検討

いよいよ聴濤の新著の検討にすすむが、これまでの論述との関連で、なによりもまずはじめに明らかにしておきたいことは、この著作は、前記の「社会主義生成期」論の〈研究と討論〉となぜか切断されている点である。すでにみたように、聴濤はこの討論の発端としめくくりを担っていたにもかかわらず、この著作ではこの討論があったことは一言だけ紹介されているが、掲載号も明記せず、自分が参加したこともかくしている。部分的には前記の二つの論文の叙述を活用しているにもかかわらず、この論文の存在にもふれていないのは妙なことである。そして、この著作の目次には「社会主義生成期」という項目がない。第六章の二は「社会主義の世界史的生成・発展過程」という表現になっている。このことにも「社会主義生成期」論の後景化と未確立が示されている。

聴濤の新著は、〈官僚制〉問題を取り上げるなどいくつかの点で意欲的であり、日本共産党の幹部の著作としてはユニークな内容となっている。

〔二一頁分省略〕

四　社会主義の課題

むすびにかえて、社会主義は何を解決するものとして世界史に登場してきたのかを項目的に略記しておきたい。

資本制生産は、利潤を基底的動機・目的としており、社会的総労働の配分は、事後的・晴雨計的に価値法則によって律せられている。生産手段が資本家によって私的に所有され、その対極に自己の労働力を切り売りする労働者が対立し、この労資関係―対立を本質的基軸として、資本制社会は成り立っている。この労資の対立を、労働者の立場に立って解決するのが、社会主義社会の第一の課題である。資本家が私的に所有する生産手段を社会的所有に転換し、労働力の商品化を廃絶し、価値法則にかえて、目的意識的な計画経済を実現し、労働者の自主管理が全面的に開花する社会を創造するのである。

この過程は、資本制社会が世界的に網の目のように相互に結合して存在するがゆえに、必然的に、一国的ではなく世界的な結合関係のなかで実現する以外にない。社会主義の世界的勝利＝世界革命こそが現実的な道なのである。このことを別にいえば、民族的対立や国家間の対立を根本的に解決するということであり、今日的には核戦争の脅威を真に解決する道なのであり、これが社会主義社会の第二の課題である。

資本制生産は、その本質に規定されて、農業問題を根本的に解決することはできず、農業問題を解決することが社会主義社会の第三の内容である。宇野弘蔵は、一九五六年のハンガリー事件の直後に、「マルキシズムが農業問題をいかに処理するかにかかわる[5]」問題が、そこに横たわっていることを提起していた。

同じく、「わがなきあとに洪水を」（『資本論』）を根本精神とする資本制生産は、地球の生態系の破壊までひきおこしている。この環境問題の解決が社会主義社会の第四の内容である。

聴濤の社会主義論も、日本共産党のそれも、この二つの根本的内容を明確に位置づけてはおらず、世界革命の立場も放棄し、ただ日本一国だけで、他の国からの干渉を避けて、「社会主義日本」を建設するとしているが、この「民族社会主義」の道は、社会主義革命を切りひらく道からはずれているのである。

〈注〉

（1）「激突シンポジウム社会主義は再生するか」『朝日ジャーナル』一九八四年九月七日号。のちに、労働運動研究者集団『社会主義は可能か』（社会評論社）として出版。本書〔『変化の中の日本共産党』〕、一二三頁参照。

（2）上田耕一郎『現代日本と社会主義の道』新日本出版社、二五八頁。

（3）『トロツキー著作集』一九三九・四〇上、柘植書房、一六一頁。

（4）　湯浅赳男「第三世界の提起したもの」『季節』八号、三一頁。
（5）　宇野弘蔵『「資本論」と社会主義』岩波書店、二三二頁。

〈本書収録時の追記〉

・本稿の標題は、共産党自体の用語が定まっていなかったことと、文中の藤田勇の論文の用語を採用したために、「『生成期社会主義』論の限界」としていたが、変更した。本稿の全文は、『変化の中の日本共産党』（稲妻社）に収録してある。

・聴濤弘の著作についての部分を省略したが、その後、聴濤は『ソ連はどういう社会だったのか』（新日本出版社、一九九七年）を著わし、私は直ちに「『社会主義生成期』説を放棄したあとで」で批判を加えた（『協議型社会主義の模索』所収）。

・社会主義論については、私はソ連邦崩壊後に、「計画経済」に代わる〈協議経済〉を提起し、またソ連邦については、新しく〈指令制党主政〉とする試論を提起した（「『社会』の規定と党主政」『カオスとロゴス』第二三号＝二〇〇三年四月、参照）。

・本書で明らかにしているように、「社会主義生成期」論は一九九四年に破棄された。

・「社会主義生成期」論にたいする批判はほとんど加えられなかった。例えば、一九八〇年代末に話題になった加藤哲郎は、長く党員であったが、一九八六年に刊行した『国家論のルネサンス』（青木書店）で次のような曖昧なことしか言えなかった。「……『現存する社会主義』に……『生成期』などと呼ばれる新たな『段階』規定を設ける試みも、こうしたメルクマール移行（社会主義→共産主義）への自覚的・無自覚的接近なのである」（二一五頁）。この問題への「無自覚」をさらすだけである。加藤はその後「奴隷包摂社会」だとつぶやいている。

Ⅳ　開かれた党組織論を

まず、日本共産党について論じる場合に注意すべき姿勢について確認することから始めよう。具体的な例をあげたほうが分かりやすいであろう。

昨年〔一九九四年〕十月、「赤旗」は、本誌〔『週刊金曜日』〕編集部による相互討論のよびかけを拒否する態度を表明した。まことに残念なことであり、その狭量で頑なな態度に改めてこの党の体質の病いの重さを痛感した。本誌の貴重な試みに関心を寄せた少なくない人々が「それ見たことか」と思ったであろう。しかし、私はもう一つ別なことに気づくことのほうが大切だと考える。「日本共産党広報部」署名のこの記事は、まず五〇行余りの小さなもので、見出しも小さく、「……お断りを回答」という穏やかな表現であった。掲載面もこの種の記事がいつも載る前のほうではなく後ろの面に廻されていた。しかも、文末には「……誤解にたいしては適切な形でお答えする」と書いてある。この時点でもすでに、本誌では石井伸男氏をはじめ数人の方が共産党にさまざまな注文を加えていた。その後の経過をみても、「適切なお答え」はない。つまり、共産党は良質の反批判できなくなったのであり、後述の菅孝行論文へのけたたましい反論と比べるなら、批判に対しては対応に変化があることを読みとることができるのである。討論のよびかけを拒否した事実だけではなく、いかなる形で拒否したのかについても踏み込んで認識することが大切なのである。

また、錯覚にもとづく虚像を作り上げて「批判」することは、どんな場合でも無意味で有害である。たとえば「宮本王朝」が成立している（本誌第三九号の菅孝行論文）という類の非難である。昨年の第二〇回党大会では、党綱領を一部改定したが、その改定の主導力は宮本顕治議長にはなかったことこそが重要なポイントなのである（病気で欠席した同議長の大会への挨拶には、改定した重要点についての言及がまったくない）。今年元旦の恒例の「赤旗」インタビューでは、重要な改定点である「社会主義をめざす国」なる新しい用語に言及していない（宮本議長は大会決定を「読了」していないのだろうか?）。このことに気づけば、「宮本王朝」などどこにも存在しないことは明白である。党史である『日本共産党の七十年』が宮本氏の業績を過大に評価して書き直されたのは事実ではあるが、今や党史の学習が党活動において占める位置は著しく低下しており、大会決定などとは違って党員に党規約で「読了」が義務づけられているわけでもない。宮本氏の没後にまた書き換えが起きないと誰が保証できるだろうか。不動の「王朝」などを妄想するのではなく、現実の動向を正確に見抜くことが大切なのである。

一　日本共産党との対話と内在的批判

私は一九七八年に〈日本共産党との対語と内在的批判〉を提唱した。当時、私は第四インターに所属し、その機関紙の編集部で活動していた。共産党を担当することになり、直接かれらの文献を読む必要が生じて、まず量初に手にしたのが上田耕一郎副委員長の『先進国革命の理論』（大月書店）であった。私は、次の二点を知ってびっくりした。「世界革命」論に言及していたことと、現代における哲学の基礎的問題としてコッペパンで生活する人の貧困の問題を直視せよと書かれてあったからである。これは、それ以前の新左翼十数年の活動のなかで教えられていた「スターリン主義の反革命」という「共産党像」とは異質であった。私は、自分の眼で直接に共産党の文献を読んだうえで批判するというごく当然のことに気づき、改めて考えた。そして、共産党は新左翼が展開してきた闘争と対立する立場と考え方に立っているが「敵＝打倒対象」ではなく、バリケードの内側にいる勢力だと知った。したがって、感情的に憎悪したり非難するのではなく〈対話と内在的批判〉こそが必要であると自覚した。この立場に立脚して、私は、三里塚空港反対闘争に対立する共産党を批判する論文を「世界革命」紙に発表した。すると、すぐに共産党員から私の提起に呼応して投稿が寄せられた（拙著『スターリン主義批判の現段階』稲妻社に収録）。

こうして、「世界革命」紙やその後に私たちが発行しはじめた「稲妻」や雑誌『現代と展望』において〈共産党員との対話〉が継続することになった。八七年の第一八回党大会についての『現代と展望』第二七号での「党員座談会」は「朝日新聞」にも紹介され、それなりの反響を得た。なお充分な成果を挙げたとは言えないし、この数年の左翼の全体的退潮のなかでは党中央に批判的な党員も不活発になっているが、それでもこの流れが共産党の内外で形成されていることは重要な可能性を秘めている。

残念ながら、今日なお共産党中央は、私に「反共売文家」とレッテルを貼り、本誌での私の一文に言及して「ニセ『左翼』暴力集団のながれをくむ」者と排斥している。これまでは、共産党から一度でもどぎつい非難を浴びるとすぐに「反革命日共！」と反発する例ばかりだったが、私は決してそういう短気な態度で応答しようとは思わない。共産党がこのような自己防衛本能まる出しの対応をするのは、彼らにだけ責任があるのではなく、日本の社会全体の反共的政治風土に根拠がある、と私は考えるからである。だから、こうした関係の変革には長い時間がかかる。かつては「反革命」の代名詞として威力をふるっていた「トロツキスト」という悪罵がすでに死語になっているように、やがて共産党の頑なな態度も変化するであろう。世間に通用する位置を得たうえで真剣に〈対話〉を求める者をセクト主義的に排斥することがいつまでも可能であるはずはない。

二　改変された諸点と固持される「民主集中制」

このように長期的な視点に立って共産党の歴史をふりかえると、戦前にコミンテルン日本支部として結党され、「マルクス・レーニン主義」を絶対の教義としていたこの党は、その教義の基本的な部分の多くを改変あるいは放棄してきたことに気づく。レーニンいらいマルクス主義の不動の教義とされてきた「プロレタリアート独裁」は一九七六年の第一三回臨時党大会で放棄され、同時に「マルクス・レーニン主義」の呼称は「科学的社会主義」に改変された。スターリンいらい、世界情勢認識の基軸とされた「資本主義の全般的危機論」は八五年の第一七回党大会で放棄された。そして、先の第二〇回党大会ではそれまで「社会主義義国」としていた諸国を「社会主義をめざす国ぐに」に改変した。

これらの教義の放棄や改変が理論的に整合的になされたのか、あるいは先駆的だったのか遅きに失したものかはここでは問わない。共産党を形容するさいに「硬直的」と言われることが習わしになっている感がある（第二〇回党大会についての「朝日新聞」の社説など）が、共産党はこのような「変身」をとげることによって現実に適合しようとしてきたのであり、そのことも重要な要因となって今日の党勢（党員三六万人、「赤旗」二五〇万部）を築いてきたのである。戦前の非合法時代に「マルクス・レーニン主義」を修得した宮本顕治氏が、これらの教義を墨守ではなく放棄・改変することができたことは、彼の柔軟性を示している。

だが、「硬直した」「何も変わらない」共産党という反発にも根拠がないわけではない。八六歳の宮本氏が依然として党の最高位である議長に就任していることも「変わらない」事実ではあるが、そのことよりもはるかに重要なことは党をいかにして運営するかの基軸をなす組織論にこそある。

周知のように、共産党の組織論は「民主集中制」とされている。そしてこの「民主集中制」はレーニンいらいの組織論であり、共産党はこの点だけは歴史的に検証された正しい理論として固持している。「民主集中制」の核心は、少数意見者は多数の決定に服従するという点にある。決定と異なる意見を述べたり実践したりすることは禁じられ、したがって（多数意見と異なる）分派の形成は禁止される。一九七〇年代末に共産党の内外で組織論が論議になったときに、当時の理論委員長榊利夫氏は『民主集中制論』（新日本出版社）において、「分派禁止がレーニンの『新しい型の党』の到達点」とすら強調していたほどである。

今度の党大会における規約の一部改定では「民主集中制」はいっそうハードに手直しされて不動の原則とされた。また、この理論と一体のものとして「一国一前衛党論」がある。まさにこの組織論を固持しているがゆえに、共産党は「変わらない」という受け止め方が一般化しているのである。

もちろん、党建設に役立ち、かつ弊害が少ないのであれば、なにもわざわざ改変する必要はない。だが、「一国一前衛党論」と「民主集中制」は、共産党にとって弊害をもたらしているのではないだろうか。多くの市民が共産党について「唯我独尊」というイメージを抱き、「組織に抑圧される」と恐がっているのは、その根をたどると、この組織論にその根因があると言えるのではないだろうか。この組織論こそ開かれた党への障害なのである。

三　多数尊重制こそ新しい組織論

これまでもレーニンの民主集中制論にたいしてはさまざまな批判が加えられてきた。前衛党はいうに及ばず「組織」そのものが〈悪〉であり不必要であるというのも一つの考え方には違いないが、仮にフォーラムであれ何であれ「組織」は必要であるという立場に立つのであれば、その組織にふさわしい〈組織論〉が必要なはずである。だが、レーニンの民主集中制論に代わっていかなる組織論を創りだしたらよいのか、その対案を提示するものはほとんどいない。私たちは、或る理論が誤っていると批判するだけではなく、それに代わる理論を創造することにこそ努力を注がなくてはならない。

私は、一九八四年に共産党が「科学的社会主義の原則と一国一前衛党」という長大な無署名論文を発表したのにたいして「一国一共産党論の誤り」を書いて批判を加え、そこで初めて〈複数前衛党〉の考え方を提起した（拙著『変化の中の日本共産党』稲妻社、所収）。さらに、八七年に

「複数前衛党論と多数尊重制」を書いて、新しい組織論を提起した（橋本剛・村岡到『前衛党組織論の模索』稲妻社、所収）。

幸いなことに〈複数前衛党論〉のほうは次第に新左翼のいくつかの党派によって採用されるようになり、共産党員のなかからも共鳴する声が現れた（第一九回党大会前の党内討論、参照）。その要点は、真理はいつも具体的事実についての〈部分的真理〉としてのみ存在するがゆえに、Aについての真理を掴んだものがBについても真理を説いているとは限らない。Cについては長けているがDには弱いということのほうが多い。したがって、前衛党を名乗るものは互いに〈部分的な前衛性〉を認め合う必要があり、そうすることによって初めて前衛党を名乗る諸組織や他の諸組織が対等の立場に立って共同行動ができるようになる、というものである。新左翼のいくつかの党派が内ゲバに陥ったり、共産党が他の左翼の組織をいつも「ニセ『左翼』」と批判するのは、自分たちだけが「唯一の真理」の体現者で、他は全て誤っているという錯覚に囚われているからなのである。

〈多数尊重制〉とは次のような組織原理をいう。一つの組織のなかで、或る問題について態度表明するさいに、①多数決によってその組織としての態度（政策や方針）を決定する（仮に決定Aとする）、②決定Aに反対や異論のあるその組織のメンバーは、自分の考えを述べ、実践することもできる、③ただし、その場合には決定Aがその組織の見解であることを必ず明示しなくてはならない。

こうすることによって、従来いつも問題にされてきた「少数意見の保持者」の権理は充分に保証される。しかも、決定がAであることを明示するがゆえに、多数意見もまた当然ながらより以上に尊重される。

レーニンの「民主集中制」では「討論の自由と行動の統一」と定式化され、決定以前は自由な討論が保証されるということになっているが、例えば日本共産党の場合でいえば今日では「未決定」の事項はほとんどない。近年は党大会の前に『赤旗評論特集版』誌上での党員の意見の公表が可能となったが、このごく短期の例外を除いては、異論をもつものは自説を胸のなかに保持したり、党中央に具申（質問）することはできるが、他の党員に横に広げることは禁止されている。少数意見者も決定に従うことが不動の原則とされている。〈多数尊重制〉はこの点を突破する組織論なのである。なお、昨年秋に予想外に健闘したドイツの民主的社会主義党は、旧共産党の規約を根本的に改変した（橋本剛氏が『現代と展望』第三二号に訳出）。

昨年の春、国会での投票をめぐって「党議拘束」の是非が問題となったが、この問題についても〈多数尊重制〉は有効な解答を用意している。多くの人は、「党議」にたいして「個人の良心」を抽象的に対置して、「党議拘束」そのものの是非を論じているが、政党が或る問題について党の態度を決定して公表することは必要不可欠である。「党議拘束」が全く不必要と考えるのは政党そのものを否定することになる。つまり、「党議拘束」が必要な問題とそれにふさわしくない問題とを分ける必要があるのである。また、「党議」に服することができない場合には「党議」

はAであるが、自分の見解はBであると表明・実践すればよい。

私が何年も前から指摘しているように、共産党の理論的能力は枯渇してきた。その根拠の重要な一つが、閉鎖的な組織論にあることは明白である。共産党が今日なお固持している唯一の教条である「民主集中制」と「一国一前衛党論」を自己検討の対象にして、開かれた党組織に変身する以外にこの隘路を抜け出す道はないのである。


〈本書収録時の追記〉

二〇〇〇年の第二二回党大会での規約改定によって、「前衛政党」をやめ、「地方的な性質の問題については、……自治的に処理する」と変更した。

最近は中央委員会総会を党の事務所でCS通信によって聞いて、意見を上げ、それを翌日の会議での討論に活かしている。スターリン型の密室政治からは想像もつかない変化が、情報技術の発達を基礎に実現している。また、党員の質も変化していて、決定文書の「読了」率も三〇%くらいに低下の一途である。読むよりもビデオを視聴するほうが楽だということで「視聴・読了」なる言葉が使われている。

Ⅴ　安保・自衛隊政策についての検討

日本共産党の安保・自衛隊問題についての見解を検討しておきたい。今回の綱領改定について、マスコミで焦点となっているのはこの一点である。各紙は、いっせいに「自衛隊と天皇制容認」と報道した。安保問題については、一九九八年に共産党が「日米安保条約の凍結」を打ち出したさいに、批判を加え、『週刊金曜日』に「日本共産党の『安保凍結』論への疑問」と題して掲載されたので、そのまま再掲し、自衛隊問題については「綱領改定案」について検討する。

一　日本共産党の「安保凍結」論への疑問

日本共産党は、〔一九九八年〕九月二四、二五日に開催した第三回中央委員会総会で、一カ月前に「赤旗」での不破哲三委員長の「緊急インタビュー」で打ち出した新しい「野党政権」論を公式の決定とした。その要点は、政局の流動化の中で、共産党は「野党政権」に入閣する用意があり、その場合に「日米安保条約」への態度については「凍結」する、という点にある。

三中総では「野党政権」を「暫定政権」と言い換えたが、これは私が「野党政権」の用語は不適切だと批判した（「稲妻」九月一〇日）ことが当たっていたことを意味する。だが、「暫定政権」も不適切である。「暫定政権」は「民主連合政権」を次にめざす共産党にとってだけ意味のある表現であり、わざわざ「暫定」と限定する必要はない他の政党にとっては了解できる用語ではない。

政党の活動としては「安保反対」の主張と行動は継続するとも説明しているが、新方針には看過できない問題点がある。

不破氏は、一九七〇年代の「民主連合政府」提案以来の経過を語って、この新方針がにわか仕立てのものではなく、綱領的にも整合性があると強弁している。七四年に「選挙管理内閣」を共産党が提起していたことを例示して、今回の提案を合理化しようとしている。しかし、「選挙管理内閣」は法律を作るわけでもなく、外国と交渉するわけでもない。「野党政権」と一緒に論じるのはおかしい。

不破氏は、「野党政権」に入閣しないことを「一本槍の態度」として否定的にとらえているが、これは錯覚である。「何でも反対の野党」では現実の政治では大して意味がないことについては、共産党の見解に同意するが、そこから「入閣」になぜ一足飛びに飛躍するのか。

具体的に考えよう。かりに次の総選挙で、共産党が数十の議席を確保して、キャスティングボートを握ったとしよう。共産党が野党の首相候補に投票すれば、自民党政権が打倒される局面で、その候補に投票することと、その政権に入閣することがなぜ一体不離なのか。閣外協力も可能だし、さらに言えば閣外協力の義務さえ負う必要はない。最悪の政権の成立を阻止するために次善の政権の成立を図ったと説明すればよい。

問題の核心にある日米安保条約の「凍結」についても現実的ではない。是非の判断は別にして、日米安保条約は、日本にとって根本的な要件となっている。「凍結」などという曖昧な態度で処すことができる付随的な問題ではない。

事実、この新方針でもすでに曖昧な部分が露呈している。不破氏は、次の国会で重要争点になるはずの「ガイドライン問題」について、「強行成立させられ」た場合にも、「そのまま既成事実扱いするわけにはいかない」と説明する。つまり、この点では「凍結」ではなく、「安保廃棄論者」の主張に「安保維持・堅持論者」が譲歩することになる。しかし、国会で議決したことを、他の「安保維持・堅持論者」の野党が撤回することが可能なのか。

不破氏は新方針の提起に際してあらかじめ、社会党の二の舞になるのではという当然の疑問に対して、「社会党は準備不足で不意を突かれたが、わが党には明確な用意があることがその危険性をなくしている」と答えているが、問われているのは、その用意の内容なのである。

周知のように、共産党は一貫して日本の「対米従属」を批判し、日米安保に反対してきたし、そのことが揺るがぬ背骨になって「左翼」としての位置を堅持していた。その骨抜きは、反安保・反基地闘争などに重大な打撃となるであろう。

「安保凍結」の新路線は、当面の選挙ではプラスに作用するが、①理論のいっそうの空洞化・不必要化、②組織体質の軟弱化（民主集中制の破綻）、③大衆運動との結合の溶解、④議員政党化をもたらすであろう。

――以上が、この時の批判であるが、今日でもそのまま有効であると、私は考えている。

二　自衛隊の段階的解消について

次に自衛隊問題について検討しよう。

「綱領改定案」では、第四章「民主主義革命と民主連合政府」の最初の節「国の独立・安全保障・外交の分野で」の三番目に「3　自衛隊については、海外派兵立法をやめ、軍縮の措置をとる。安保条約廃棄後のアジア情勢の新しい展開を踏まえつつ、国民の合意での憲法第九条の完全実施（自衛隊解消）に向かっての前進をはかる」と書かれることになった。わずか一〇〇字にも満たない記述である。不破哲三議長の「報告」ではこの点については、第二二回党大会の「自衛隊問題の段階的解消」を想起して「このことを簡潔に要約した」と説明されている。

そこで、三年前の第二二回党大会で打ち出した「自衛隊問題の段階的解消」という方針を知る必要がある。「大会決議」は、「憲法九条と自衛隊の関係をどうとらえ、その矛盾をどのように解決していくかという問題」として設定し、憲法第九条を「戦争の違法化という二〇世紀の世界史の大きな流れのなかで、もっとも先駆的な到達点を示した条項として、世界的にほこるべきものである」と明確に評価したうえで、次の三段階を展望した（『前衛』大会特集号、三〇頁）。

「第一段階は、日米安保条約廃棄前の段階：戦争法の発動や海外派兵の拡大に反対」

「第二段階は、日米安保条約廃棄後の段階：自衛隊の民主的改革、大幅軍縮の追求」

「第三段階は、憲法第九条の完全実施・自衛隊解消の段階」（引用は簡略化）

そして、「憲法と自衛隊との矛盾がつづくが、この矛盾は……先行する政権から引き継ぐ避けがたい矛盾である」とし、「過渡的な時期に、急迫不正の主権侵害、大規模災害など、必要にせまられた場合には、存在している自衛隊を国民の安全のために活用する」と明らかにした。

この大会での志位和夫書記局長の報告では、さらに詳しく説明され、討論では上田耕一郎副委員長がこの「報告はこの問題のほぼ完璧な解決、解明だったと思います」と賛意を表し、「資本主義大国で歴史上はじめて常備軍のない民主国家日本が創出されます」（『前衛』大会特集号、二一六頁）と意義づけた。

共産党の提案は、現実の日本の政治に責任をもってかかわるという立場に立脚したもので、単に日米安保反対・自衛隊反対だけを叫ぶ反対派の水準を超えようとするもので、その基本的立場については、私たちは支持する。また、大きな方向としても大過ない。端的に問題を提起すれば、比例代表中選挙区制の導入とか企業献金の廃止とかの大きな問題の実現のために、政権への参加が必要になった場合に、自衛隊が解体されていないから入閣に反対するという選択でよいのかどうかという問題である。このような場合には、その大きな課題の実現のために入閣することはありうると考えるべきである（入閣しなくても実現する場合もありうる）。

ただその場合に肝心なことは〈自衛隊の解体〉を明確に主張することである。この立場を徹底して貫徹する視点から考えると、第二二回党大会での「自衛隊問題の段階的解消」にはあいまいさがある。まず、「急迫不正の主権侵害」と「大規模災害」とが何の説明もなく並列されており、そのうえで「自衛隊を国民の安全のために活用する」と表現した点である。自然現象と社会的政治的動向とは厳密に区別すべきである。今日でも阪神大震災などでは自衛隊は活躍しており、その点への反対の叫びはほとんどない。その意味では「自衛隊は活用」されている。

問題は一にかかって軍事行動のレベルにある。そしてこの点では、共産党も明確にしているように、憲法では国家による「武力の行使」は禁止されている。したがって、どんな場合にも自衛隊を軍事力としては活用してはならないのである。自衛隊が存在することは、確かに「先行する政権から引き継ぐ避けがたい矛盾」ではあるが、「活用する」ことは、その時の政権の責任と決断によって左右される問題である。活用しないものを存在させておくのは無駄でもあるし、不合理でもあるが、この矛盾は自衛隊を解体することによって解決するほかないのである。共産党は、自衛隊の存在と活用を区別できないために、不用意にも「活用する」と表現してしまったのである。武力の存在は抑止力として働くことは常識であるが、「武力行使」が区別された概念であることは明白であり、「活用」とは正確にはこの「武力行使」に当たる。この「自衛隊の活用」論にたいしては、党内の法律関係者——法学者や弁護士たちから強い反対が生じたと言われている。ある高名な党員の憲法学者も反対したという。

そういう反省の結果かどうかは分からないが、「綱領改定案」では「活用」とは書かれていないし、この問題の説明でも触れないようにしている。七月一八日に東京・日比谷公会堂で、日本共産党創立八一周年記念講演をおこなった不破議長も「活用」とは語らない（「赤旗」七月二一日）。問題の核心は、「段階的解消」の一環として「自衛隊の活用」を容認するか否かである。「違憲の存在だとするわれわれの立場は少しも変わりません」というのであれば、「段階的解消」の第一歩は〈自衛隊を活用しない〉ところから出発すべきなのである。ここがはっきりしていないから、「自衛隊容認」と受け取られてしまうのである。

なお、この問題については、私たちは、〈自衛隊の解体、国連の指揮下での平和隊への改組〉を提案している*。

Ⅵ 「自主独立」の優越性となお残る独善性
――『日本共産党の八十年』を一読して

一 突如発表された党史『八十年』

日本共産党は二〇〇三年一月一六日、突然なんの前触れもなく、党史『日本共産党の八十年』を発表した。志位和夫委員長が記者会見して明らかにした。

党中央委員会署名で、綱領や大会決定に次ぐ重要文献のはずであるにもかかわらず、内容はおろか、発行することについてさえ、この日まで一切なんの兆候もなかった。昨年十二月には中央委員会総会が開催され、年頭には恒例の新年旗開きがあったが、そこでも一言半句も示唆もなかった。かつて『六十年』を八二年末に発表した際には、中央委員に「素案」を配布して「修正・補強意見がだされ、党中央の英知を結集して作成された」（『七十年』下、一六九頁）こともあったのに、この党に拭いがたく染みついた閉鎖的体質は依然として払拭されていないようである。

『八十年』のもう一つの外形的特徴は、きわめて軽装で小さな著作になったことである。九四年に発表した『七十年』と比べると本文の分量は三分の一になり、年表も省かれてしまった。読書の習慣がすたれるなかで、読みやすくするという利点に重点をおいたのであろう。

つぶさに検討する余裕はないので、一読後の感想として、私の守備範囲で気づいたことを簡単に記すことにしたい。戦前の党史や経済問題については、それぞれそれを専攻している人が語るであろう。

二　共産党を捉える基本的姿勢

まず、『八十年』を一読して深く感動したのは、戦前の治安維持法下の闘いのなかで、女性党員が獄中での過酷きわまりない、国家権力の弾圧に抗して、生命を賭して人間として、党員としての信念を貫きとおした、その姿である。『六十五年』には小林多喜二の獄中死などが実にリアルに描かれていて、感涙することが度たびであったが、女性党員の例はなかった。『八十年』での女性党員の獄中闘争の登場は適切である。

次に大笑いした箇所がある。あとでまた取り上げるので、部分的に引用しよう。「……〔社会主義〕『生成期』論は、その当時においては、ソ連の現状にたいするもっともきびしい批判的立場でした」（二二四頁）。一〇〇メートル一三秒は最高記録でした。小学校の運動会では、と限定すればそう言えるかもしれないが、一体どこの世界で「もっともきびしい批判的立場」だったのか。共産党の外ではトロツキズムに限らず、ソ連邦への批判は当時にしてもはるか先に進んでいたのである。「スターリン主義批判」として広く浸透したこの点にこそ、日本新左翼運動の存在理由の一つがあった。

さらに呆れた部分がある。一九七〇年代の日本の政治情勢を記述した部分に七五年の「スト権スト」が登場しないのである！　『六十五年』には「八日間のストライキを敢行した」(上、三六三頁)とともかくも書いてあったのに、全く触れなくなった。すでに何度も批判しているが、共産党が強調する八〇年の社会党の「右転落」――「社公合意」への転換の背景こそこの「スト権スト」の敗北なのである。この削除の根本的根拠は、共産党の視点が国会内の動向や議員数の消長に過大に偏重しているからである。労働運動の展開に軸を置いていないと言い換えてもよい。

私は一貫して、戦前の共産党の闘いについては、さまざまに限界があったにせよ全体としては大きく肯定的に評価する立場に立っている。彼・彼女らの闘いは日本に住む私たちの共通の誇るべき財産である。日本帝国主義の侵略戦争を阻止できなかったから、共産党にも戦争への責任があるなどという考え方はまったく非歴史的で没主体的な傍観者の戯言にすぎない。このことについては次の言葉をかみしめる必要がある。

《ある趨勢の究極的な勝利が、なぜ、その進行を抑制しようとする努力が無力であることの証拠とみなされなければならないのか。……変化の速度を落とさせたというまさにその点で

評価されえないのか。……変化の速度は、変化の方向そのものに劣らず重要であることが多い。》

これはカール・ポラニーの『大転換』（東洋経済新報社）からの引用である（四九頁）が、私たちが歴史を把握する基本的観点はこうでなくてはならない。そのうえで、闘いの限界についても傲ることなく自己切開すべきなのである。白か黒かの二分法に陥って、〈程度〉や〈形態〉の重要な意味を見落とす短絡的な思考の水準で、共産党を非難する声が絶えないので、このことは特に強調しておくことが大切である。

この視点に立脚して共産党の歴史を直視すると、『八十年』でも一貫して強調している点であるが、ソ連邦と中国という二つの大きないわゆる「社会主義国」から重大で徹底した干渉・破壊工作を受けながら、それを跳ね返して「自主独立」を貫いた闘いは見事と評価するほかない。解体した社会党を見るまでもなく、世界の左翼組織でここまで闘い抜いた組織はどこにもないのである。いわゆるソ連派や中国派はいったいどこへいってしまったのか。

いつも確認することであるが、批判対象がこのような形で現実に存在していることそのものが積極的な評価に値する。党の歴史を批判にさらす形で明示できることそのものが、その党の自信の現れであり、責任ある姿勢である。そのことを認めたうえで、批判は加えられるべきであり、相互に学ぶ通路もそこに切り開かれる。

だが、後の二つ――「生成期」論と「スト権スト」無視――のほうは、弁解の余地なく共産党の限界を顕わにしている。志位は冒頭の記者会見で、『八十年』にも「歴史のリアリズム」と「何ものをも恐れない科学的社会主義の精神」が「つらぬかれている」と威張っているが、さらに徹底してほしいと願わずにはいられない。

三 「ブルジョア君主制」か「民主政治」か

次に、いくつか理論的な争点について明らかにしよう。

最大の問題は、日本の戦後の政治体制あるいは政治システムに関する評価の問題である。「第三章　戦後の出発と日本共産党」の「二」は「憲法の制定と政治体制の根本的変化」と設定された。この節の建て方が『六十五年』とは決定的に異なっている。『六十五年』には「日本共産党の新憲法草案」はあるが、「憲法」は柱には立たない。『七十年』では「日本共産党の新憲法草案と憲法制定時の党の先駆的たたかい」と改良された。ところが、『八十年』は前記のように「憲法の制定」が格上げされ、この節の結びは次のように書かれることになった。

《日本国憲法は、一九四六年十一月三日に公布されました。／こうして、日本の情勢は、戦前の天皇が主権者であった専制的な政治体制から、戦後の主権在民の政治体制に根本的な変化をとげることになりました。》（八四頁）。〔A〕（／は改行）

『七十年』では、この箇所はどうなっていたのか。

《新しい憲法の制定によって、天皇制は法制的にもその絶対主義的性質をうしない、戦前のような権限をもたないブルジョア君主制の一種にかえられた。》(『七十年』上巻、一八〇頁。『六十五年』もまったく同じ表現であった(上巻、一一一頁))。

こうなっていたのである。だれが読んでも全く違うことは歴然である。『六十五年』では憲法の公布日もなく、修飾語として書かれていたものが、『八十年』では独立の一句に格上げされている。核心は言うまでもなく綱領にも使われている「ブルジョア君主制の一種」にある。それがいつの間にか「主権在民の政治体制」になってしまった。これほどの重大な認識の変化を、綱領を改定することもなく、何の議論もないままになし崩しにおこなうとは、ただ呆れるほかない。

この認識は、二一世紀をむかえた最後の章でももう一度確認されている。「二〇世紀の日本の最大の政治的変化は、『主権在君』の専制政治から、『主権在民』の民主政治への転換でした」(三二二頁)〔B〕と。

さらに、前記の志位記者会見では、「二〇世紀の日本の最大の政治的変化は、『天皇主権』の専制政治から、『国民主権』の民主政治への転換にありました」と説明された。

実はこの問題は、二〇〇〇年十一月の第二二回党大会での「決議」で初めて問題となった。そこでは「戦前の天皇主権の政治体制はあらためられ、国民主権の民主的な政治体制がつくられた」と書かれていた。〔C〕

私は即座にこの点に注意を喚起し批判を加えた。[*] それはさておき、各大会に触れているのに、なぜ、この第二二回党大会での「決議」に言及しないのであろうか。恐らくその理由は、こんな常識的な認識を最初に書いたのが二〇〇〇年だと知らせることに羞恥心を感じたのであろう。もう一つ、そこで使った用語が不適切だったからであろう。すでに、注意深い読者は気づいたであろうが、そこには「国民主権」と書かれていたからである（私は「国民主権よりも主権在民がよい」と注意しておいた）。

見られるとおり、言い回しが微妙に異なるのは、この認識がなお定着・確立していないことを問わず語りに明らかにしている。〔A〕ではなぜ、「日本」ではなく「日本の情勢」としたのか。「主権在民の政治体制」と〔B〕の「『主権在民』の民主政治」とは同じなのか。〔C〕では「国民主権の民主的な政治体制」。志位が「国民主権」と発音したのは、「国民主権」とは一度しか書いてない『八十年』の学習が不足しているからである。「民主主義」ともどこが違うのか。党史では使われていないが、「民主共和制」とも違うのか。

重ねて問う。この新しい認識「『主権在民』の民主政治」と綱領に明記してある「日本を基本的に支配しているのは、アメリカ帝国主義と、それに従属的に同盟している日本の独占資本である」とは整合的なのか、と。

なお、この問題は、先年、私が再発見した、敗戦直後の「尾高（朝雄）・宮沢（俊義）論争」の争点の一つ――戦後に導入された民主政と象徴天皇制との関係の問題*――とも重なっている。その意味では、重要な論争を無視していたことのツケがまわってきたとも言える。

四 定まらないソ連邦評価

第二に、ソ連邦の評価の問題に移ろう。先に「社会主義生成期」説について、健康のためには笑えるのでプラスであると紹介したが、事は深刻な理論問題である。何しろ『六十五年』では、第二次世界大戦における「ソ連の指導者スターリンの功績を否定することはできない」と評価していたほどである（上、九一頁）。『七十年』では「スターリンの覇権主義」に批判を加えるなど部分的に修正した（上、一五五頁）。さらに『八十年』では、ユーゴスラビア共産党非難への同調をはじめ、「社会主義ファシズム」批判の逸脱、「資本主義の全般的危機」認識などいくつもの反省事例を挙げていわば自己批判している。遅きに失したものばかりであるが、ともかく反省は示している（ついでながら、共産党は「無謬の党」と言っているとかいう非難がたまに聞こえるが、それはデマにすぎない）。

ここでは、ソ連邦の評価の一点に絞って検討しておこう。

最初に出てくるソ連邦評価は「スターリンらの支配のもとで、他国の併合や支配をねらう覇権主義と国民を抑圧する専制主義の体制に変質していました」（一〇二頁）である。。これは、一九五〇年の「五〇年問題」に際してのことについてである。

次は、「七七年十月の第一四回党大会」で、前記の「生成期」の引用がそれである。「現存する社会主義はまだ『生成期』にあるにすぎない」と認識した（だから、いろいろ不都合なことが起きると弁解できることになった。当時は「目からうろこが落ちる」すばらしい理論と自画自賛していた）。

さらに、八〇年代末の「東欧諸国の激動にさいして」の説明で、「東欧諸国では、第二次世界大戦後、ソ連の覇権主義によってソ連型の政治・経済・社会体制がおしつけられ」たと評価する（二六二頁）。

この後は、大会ごとにさまざまに表現している。煩瑣ではあるが、引用しておこう。

九〇年の第一九回党大会では、「ソ連の体制は対外的には大国主義・覇権主義、国内的には官僚主義・命令主義を特徴とする政治・経済体制」に変質したと言い出した（二六八頁）。

九四年の第二〇回党大会では、綱領を改定した。「綱領は……スターリンらによって旧ソ連社会は社会主義とは無縁な体制に変質したことをあきらかにしました」（二八六頁）。また「覇権主義と官僚主義・専制主義の破産」とも書き、「ソ連覇権主義という歴史的な巨悪の解体」を歓迎した（この表現はソ連邦崩壊直後の宮本議長の発言である）。そして、この大会で先にみたように、「生成期」説をお蔵入りさせることになった。そこでは「ソ連は社会主義への過渡期でさえなく」とされた（二二四頁）。

二〇〇〇年の第二二回党大会では、「ソ連型の政治・経済・社会体制は社会主義とは縁もゆかりもない体制であり、……人間抑圧の社会体制の出現を絶対にゆるさない」と確認した（三〇八頁)。

最後の章でも「ソ連型の政治・経済・社会体制による人間への暴圧をけっして許さない」と強調している（三二四頁)。

一読すれば明らかなように、大国主義、覇権主義、官僚主義、専制主義、命令主義が乱発されているが、それらの用語の概念規定や説明はなく、羅列しているだけで、分析しているわけではないし、定まった認識に到達しているわけでもない。「ソ連型」というのは国家の名称を使っているだけで内容はゼロである。「社会主義とは無縁な体制」だの「歴史的な巨悪」だの「人間抑圧の社会体制」などというのはとても社会科学の用語ではない。奴隷制でもこの三つのレッテルを貼られる資格はあると言える。「社会主義とは無縁な体制」と言い切ったのでは、そこで展開された、社会主義のための苦闘、その教訓を汲みつくすという問題意識まで投げ捨てられてしまう。

五 「市民」と「生存権」は？

他に、私がいつも問題にしている「市民」と「生存権」に触れておこう。

前記の「『主権在民』の民主政治」とも関連するのであるが、綱領には「勤労市民」はあるが、「市民」は登場しない。「『主権在民』の民主政治」は三年前に初めて使い出したからである。『八十年』でも「市民」は日本では一九四九年に一度だけ顔を出す（九五頁）が、それ以外には存在していない。『八十年』では、中国の天安門事件やソ連邦のクーデターでは「市民」が登場するし、アフガニスタンにも犠牲者としては「市民」は登場する（なぜかルーマニアには「住民」しかいないらしい）。ところが、日本では六〇年の安保闘争において「労働者、学生、大学教授、文化人、高校生、業者、母親など広範な層」が参加したのに、ここには「市民」は存在しない（二四八頁）。

ただ、「市民」は存在しないのに、「市民道徳」は七三年の「民主連合政府綱領」で一筆したと記されている（二二六頁）。その直前に第一一回党大会で「プロレタリア的ヒューマニズムにたった党風」とか「人民的な議会主義」を提起したと書いてあるが、最近の「赤旗」では死語になっている「プロレタリア」や「人民」が、なぜ当時は必要不可欠だったのかを反省する必要がある。「生存権」については、ついに『八十年』に登場しなかった。代わりに、敗戦直後に共産党が提案した「新憲法の骨子」に「人民の生活権」と書いてあったと紹介している（七七頁）が、「人民の生活権」は、この「新憲法の骨子」についてより多く引用している『六十五年』では引用から外れていた（「人民」だけでなく「万人の生存権」にこそ意味があるのだ）。七六年の『自由と民主主義の宣言』で「生存の自由」を提起したと書いてあるが、最近の「赤旗」では「生存の自由」は使われず、「生存権」が多用されている。

また、七二年の「新日和見主義分派」問題、八三年にけたたましく展開された、小田実らの

「市民主義」への批判、八四年の平和運動での吉田嘉清への非難など、『七十年』でも強調していた部分は一切削除されてしまった。創価学会による宮本委員長宅電話盗聴事件については記述しているが、党大会会場への盗聴や幹部自宅の電話盗聴などの公安警察による弾圧について記述しなくなったのは、いくら軽便にすることを優先したにせよ、誤りであろう。二〇〇〇年の第二二回党大会で決定した「自衛隊活用」論も姿を消した。この現実路線については、自由法曹団など党内外の法律の専門家のなかから強い批判が加えられていたからであろう。

さらに、七六年に発表した『自由と民主主義の宣言』で「社会主義日本でも市場経済を活用することを明確にしました」(二二八頁)と書いてあるが、真っ赤な嘘である。この『宣言』には「市場経済」は一言も出てこない。だから、『七十年』の当該のくだりにもそんなことは書いていなかった。

六 かすむ「民主集中制」

組織のあり方について、第二二回党大会で「『前衛』という誤解されやすい用語を削除しました」(三〇七頁)と書いているが、『八十年』には「民主集中制」はたった一度書かれているだけである(一二八頁)。規約に謳っている組織の原理を強調して説けないとは? 一体これはどういうことであろうか。また、一九八四年に発表した重要論文「科学的社会主義の原則と一国一前衛党論——『併党』論を批判する」が姿を消した。

近年は中央委員会総会はCS通信によってリアルタイムで党の地方事務所で放映され、直に党員の意見を集中して、その声を会議で報告している。これは、レーニンの時代には考えも及ばない通信手段の発達がもたらした変化であるが、この変化は、「民主集中制」に代わる組織論の必要性を明らかにしている。なお、「政治理論誌」の誌名がなお『前衛』であることは、何とも不首尾なことである。

なお、一読後の印象では不破哲三議長が前面に立ち現れている感じである。もちろん、宮本顕治の功績は揺らぐものではなく、要所では必ず彼の発言が方向を決定したものとして叙述されているが、とくに八〇年代以降は不破発言が目立つ。これに対して現委員長の志位和夫は役員の氏名として二回出てくるだけで、言動の紹介はまったくない。若すぎるということだろうが、『八十年』に一度も言動を記録されることがない指導者によって、二一世紀を迎えているのは前途の明るさを減殺するのではないか。理論なき者によって、数十万人の左翼組織を指導できるはずはないからである。不破が引退したら、理論はだれによって提起されるのであろうか。

軽装版にしたことにはプラスもあるのであろうが、年表は付けてほしかったし、党勢や国会議員の数の変化を図表にしたほうが分かりやすいであろう。『『赤旗』の読者数も八〇年をピークに漸減傾向をたどりました」(二五〇頁)と正直に書いてあるが、このピークの絶対数いくつだったのか。八〇年には三五五万部だった。図表を付ければこういう点もはっきりしたであろう最後に、私は、軽便な党史を作ることに反対はしないが、従来のような大冊も必要だと考える。本書第二部で将来の党組織として党員と党友の二層化を提案したが、党史も党員版と党友版の二種類が必要なのではないであろうか。

こうして、『八十年』は、「自主独立」の一点ではきわめて頑強に闘いぬいた不屈の党であることは鮮明にすることができたが、なお依然として独善的な体質を拭いがたく身につけている党でもあることをさらすことになってしまった。その根底にある問題は、「民主集中制」の組織論である。

あとがき

この本を執筆するきっかけは、社会評論社の松田健二社長から「共産党について不破哲三を軸にして何か書いてみたら」と示唆されたことにある（私は、一九八〇年に『スターリン主義批判の現段階』（稲妻社）を刊行したが、その時に発売元を引き受けていただいたのが松田社長であった）。雨上がりの紫陽花が鮮やかな頃だった。すぐ後に、日本共産党が「綱領改定案」を公表した。例年にない長雨の梅雨、冷夏と時は過ぎ、大接近した火星が近くに輝く中秋の名月を夜空にあおぐ、秋の訪れのなかで脱稿することができた。第一部、第二部である。第三部には、かなり以前に書いたものも集めた（『朝日ジャーナル』や『週刊金曜日』に掲載されたものもある）。サブタイトルについては、もし、今日の日本でロシア革命の史実が、ロシアの革命家たちがフランス革命について熟知していたように、理解されていれば、「私たちのプレハーノフを超える」とでもしたかったのであるが、「その人だーれ？・」では困るので止めた。

既出の論文だけ、初出誌紙をあげておく。

・不破委員長と上田副委員長の奇妙な自己批判の意味　『朝日ジャーナル』一九八三年七月二九日

・「一国一前衛党」論の誤り　『現代と展望』第一四号　一九八四年秋

・「生成期社会主義」論の限界　『現代の理論』一九八四年十二月号
・開かれた党組織論を　『週刊金曜日』一九九五年三月一〇日
・日本共産党の「安保凍結」論への疑問　『週刊金曜日』「論争」一九九八年十月三〇日
・あるべき「レーニンと市場経済」論　「稲妻」二〇〇二年十月一〇日
・「アソツィールテ」と言い出した不破哲三　「稲妻」二〇〇三年四月一〇日
・「自主独立」の優越性となお残る独善性——『日本共産党の八十年』を一読して
「稲妻」二〇〇三年二月一日

私は、一九六〇年に田舎の高校二年生で、安保闘争のデモに参加した。私が初めて出会った日本共産党員は、その後で私を民青に組織しようとした、隣の商業高校の社会科の中島勇雄先生だった。長岡商業高校に隣接する小さな教員住宅に住んでいた（フルネームは忘れていたが長商に問い合わせたら、存命であることも分かり、電話したら八〇歳とは思えぬお元気な声であった）。全学連に憧れていた私は、民青には入らなかったし、真面目な人という以外の印象は残っていない。社会科のテストの問題が時事問題が多く、意見を書くことを求める内容だと知ってうらやましいと思ったことがあった程度である。遠く振り返ると高校時代のさまざまな思い出が懐かしくつながって浮かび上がってくる。

それから四〇年余が経ち、ほとんど実感はないが、私も還暦なるものを迎えた。一九六三年二月に東京大学の事務職員に就職するために上京してから四〇年。最初は、いわゆる中核派にほぼ一〇年、次ぎに第四インターに約五年、その後に政治グループ稲妻を八〇年に創り、それは九六年に解散したが、いまでも「稲妻」は個人紙として発行している。「社会主義へ討論の文化を！」を旗印にした『カオスとロゴス』なる雑誌も半年刊で出している。

私がここまで歩んでくるうえで、人はだれもみなそうであろうが、実に多くの人たちのお世話になった。理論的というよりは思想的と言ってもよいだろうが、私の最初の先生は梅本克己さんだった。高校生には内実など理解できようはずはないが、『過渡期の意識』（現代思潮社）などを背伸びして手にし、ただ真剣に生きなくてはいけないことだけはわかったような気がした。一九六九年に東京拘置所に拘置された時期に、手紙を出し、文通することになり、七一年に保釈された後に一〇回近く水戸のお宅に伺うことになった。梅本著作集（三一書房）第十巻・日記の最終頁に「入村君来る。夕食後帰える」と記されているが、それが私である。忙しい活動家にとっては、どの本も体系的というよりは、片言隻句をヒントにする読書しかできないが、心にいつまでも残る文章もある。「人間は変るものだという。……変ることによって今まで見ることが出来なかった世界を見てゆくからであろう。……ただどんな風に変ってきたか、そのけじめだけは忘れたくない」（『革命の思想とその実験』三一書房、一七三頁）。求道者と高く評された人の美しい文章である。

宇野弘蔵の『「資本論」と社会主義』（岩波書店）を一九六一年秋に読んでいた。こんな文章にサイドラインが引かれていた。「……実践家の理論活動は、科学的な理論的研究をふくめての、一切の人間の頭脳の活動の内で、最も高級なものだと思うのです。しかし、それだからといって、こういう実践活動の経験が、科学的な理論を修正することにはなりません」（一九四頁）。理論と実践との関係について説いたこの言葉のもう一つの真髄は、「実践家の理論活動は最も高級なものだ」という点にではなく、宇野が自分の仕事ではない、他人の仕事のほうにより高い価値を見出しているところにこそあるのではないだろうか。人はややもすると自分の仕事のテーマが一番に優れていると思いやすいからである。

私は一度だけ、一九六〇年代後半に、時計台に一番近い東大文学部の大教室で開かれた宇野の公開講演を聴きにいったことがあった。東大分院に勤務していた私は、自分で書いたその講演会の案内を病院の掲示板に張り出した（それも私の仕事だった）。『資本論』第一部第二四章の例の「最後の鐘が鳴る」の話だった。

理論と実践の安易な統一を峻拒した経済学者と、その一体的実現の道と結節環を求めた哲学者は、晩年に論争・対談も展開する（両者著『社会科学と弁証法』岩波書店、一九七六年）。そこでの難問は依然として解答を待っているのであろうが、真剣に党派的にではなく真理を探究する知者の姿勢は、今後もそれに接する読者の胸を打ち、受け継がれてゆくであろう。

新左翼の活動家だったから初めは「日共反革命打倒」の立場であったが、第四インターに入ってからその考え方は誤りであることに気づいて、一九七八年から〈日本共産党との対話〉を試みるようになった。だが、思想的にもっとも大きな転機となったのは、一九九一年末のソ連邦崩壊の後での理論的反省のなかで、尾高朝雄に出会ったことである。彼の主著『法の窮極に在るもの』（有斐閣）を一九九九年に発見した！　半世紀前の著作である。社会主義を再考してきた私にとって、決定的な転機になった。

今年五月に『生存権・平等・エコロジー』（白順社）を出した。この間の私の社会主義論をまとめた三冊目の小著である。いつもながら反応は鈍いが、ここで取り上げた梅原猛さんに贈呈したら何の面識も文通もない方なのに、励ましのお葉書をいただいた。独学の私にとってはとてもうれしかった。

またとない機会でもあり、この年になって考えているところを少し記しておきたい。

私の家は、家族が多いのに借家を転々としていて、極貧というわけではなったが時に貧しさを実感したこともあった。末っ子の私は、父母や母といってもよいほど年齢の違う長女らの愛情に包まれて育った。もう一人の姉はクリスチャンで教会に連れて行かれたこともあった。とくに誰かから感化されたわけではないが、社会科が好きだったし、社会科の先生は組合活動をしていた。高校生になると、漠然と安保条約反対になっていた。そのころ本屋で、淡野安太郎の『初期のマルクス』（勁草書房）で引用されていた、マルクスの「疎外された労働」論を立ち読みしたことが、今から思うと思想的な出発点となった（奇しくも淡野は尾高追悼文集『自由の法理』（有斐閣）に論文を寄稿していた）。数年前に神田の古本屋で淡野のこの著作を入手したときはうれしかった。

人間はなぜ労働するのであろうか。「白も黒に、醜も美に」変える忌まわしい金銭の多寡を超えた、労働の動機をどのように創造するのか――ロシア革命後にプレオブラジェンスキーが立てた問いであり、なお未達成の課題である。

花はなぜ咲くのであろうか、小鳥はなぜさえずるのであろうか。そのメカニズムを解明することはできるであろうが、なぜかに答えるのは難しい。だが、花や小鳥から明日また生きる希望と勇気を授かる人もいるという。人間は多様性に満ちていて、絶対音感を備えている人も、囲碁の棋譜を瞬時に記憶する人もいる。私にはそんな特別の能力はあろうはずはないが、言葉、それも書いてある言葉には敏感だったかも知れない。高校生の時に父が亡くなったのであるが、兄姉たちは、白い布を顔に被せて横たわる父を前に涙を流していた。私は泣くほどに感情が高まることはなく、非人情なのかと自問していたが、数日後に、入院していた父の手帳に「康治――これが私の本名だが――来る」の文字を見つけて、涙が溢れて止まらなかった。感受性のあり方はこの小さな例によっても実にさまざまであり、どれかを他に優越するものと考えてはいけないことを教えているのではないであろうか。

文学には門外漢の私がこんな言葉を引くのは場違いなのであるが、ある人からインドの詩聖タゴールの詩に「人生を共にすごしてきた思想」という一句があると教えられた（『タゴール詩集』弥生書房、一三〇頁）。タゴールは「私の詩をこれから百年後に読んでいる読者よ」とも書いている（三〇頁）。ただすごい言葉だと感じるほかないが、人間を信じるとは、言葉を信じるということとなのであろう。人間の行為は言葉によって伝達されるからである。

インドで誕生した仏教が教える修行のなかに「忍辱《にんにく》」がある。私はこの言葉を知っているだけで、生活のなかでその心境に近づくことさえできないが、恐らく「忍辱」とは、不正義を許すことでもなく、理不尽に屈することでもない。辱めを受ける理由はさまざまであるが、〈平等〉を希求する努力も辱めを受けるのが、今日の転倒した社会である。だから、「忍辱」は〈平等〉を希求する努力としてもある。なぜ、〈平等〉が大切なのであろうか。人間は、多様な人びとの協力と連帯によって形成される社会のなかでだけ生きてゆくことができるからである。

八月中旬に炎天のバグダッドで国連職員が自爆テロによって爆殺された。何とも痛ましい。母国ブラジルでの葬儀ではジョン・レノンの「イマジン」が静かに流れていた。その同じ時に、地球温暖化を危惧しながら南極大陸で棚氷の溶解の研究に打ち込む研究者もいる。そんなに遠くばかり見なくても、消防士も警官も危険を顧みずに職責をまっとうしている。私たちは、そういう人びとの崇高な仕事に支えられて日常生活を送っている。こんなことは特筆するようなことではないだろう。だが、離婚した妻によって育てられた娘史子から贈られた、さだまさしの「北の国から」などを聴き、小山内美江子の「金八先生」の再放送に感動しながら、読書し思索する余裕を与えられて生きている私には、それらのことすべてに感謝の念を表わしておかねばと思われるのである。

取り留めもないことに筆を費やすことになったのかもしれないが、「不破哲三との対話」などというかなり特化したテーマに熱中しているとはいえ、私はこのテーマが無駄だとは思わないと同じくらいに、ほかのさまざまな課題や、その解決にむけての努力を知り、学びたいと考えている。ぜひとも、読後の感想・批判を聞かせてほしいと切望する。

最後になったが、いっこうに好転しない出版事情のなかで売れ筋でもない小著を出版していただいた松田健二社長に深く感謝する。

二〇〇三年九月二三日

村岡　到

「一国一工場」の「通説」が隠していたもの
「労働に応じた分配」の陥穽
〈貨幣の存廃〉をめぐる認識の深化
プラクシス派の到達点と限界
ロシア革命と「歴史の必然性」の罠
「計画経済」の設定は誤り
ソ連邦経済の特徴と本質
「ソ連邦＝国家資本主義」説は論証されたのか
「社会主義生成期」説を放棄したあとで
　　——聴濤弘著『ソ連はどういう社会だったのか』

『連帯社会主義への政治理論』主要論文

〈社会主義と法〉をめぐるソ連邦の経験
オーストリアの社会主義理論の意義
「唯物史観」の根本的検討
「まず政治権力を獲得」論の陥穽
「普通選挙」を誤認したマルクス
「プロレタリアート独裁」論の錯誤
なぜ〈労働者・市民〉と定立するのか
〈則法革命〉こそ活路
「アソシエーション」視点の発展を
私のトロツキズム体験
日本共産党はどこへ行くのか
自衛隊の指揮権を国連に移譲せよ

『生存権・平等・エコロジー』主要論文

9・11テロ　報復ではなく反省を
生存権と生産手段の変革
ノモスを追求する意義
平等こそ社会主義正義論の核心
多様性と自由・平等
自然・農業と社会主義
協議生産と生活カード制
中国訪問による理論的反省と提起

村岡到主要著作

1980年　『スターリン主義批判の現段階』稲妻社
1982年　『日本共産党との対話』稲妻社
1984年　『岐路に立つ日本共産党』稲妻社
1986年　『変化の中の日本共産党』稲妻社
1988年　『前衛党組織論の模索』（橋本剛と共著）稲妻社
1990年　『社会主義とは何か』稲妻社
1990年　『甦るトロツキー』稲妻社
1993年　『社会主義像の展相』（大藪龍介・村岡到など共編）世界書院
1996年　『原典・社会主義経済計算論争』（編集・解説）ロゴス社
1996年　『ソ連崩壊と新しい社会主義像』（石井伸男と共編）時潮社
1997年　『社会主義へのオルタナティブ』ロゴス社
1998年　『20世紀社会主義の意味を問う』（社会主義理論学会編）御茶の水書房
1999年　『協議型社会主義の模索――新左翼体験とソ連邦の崩壊を経て』社会評論社
2001年　『21世紀社会主義への挑戦』（社会主義理論学会編）社会評論社
2001年　『連帯社会主義への政治理論――マルクス主義を超えて』五月書房
2003年　『生存権・平等・エコロジー――連帯社会主義へのプロローグ』白順社
2003年　『希望のオルタナティブ』（オルタ・フォーラムQ編）白順社

『協議型社会主義の模索』主要論文

社会主義再生への反省
原罪としてのスターリン主義
新左翼運動の歴史的位置と教訓
〈生存権〉と〈生活カード制〉の構想
〈協議経済〉の構想
レーニンの「社会主義」の限界

外国人

人名索引

数字の次の－は同じ論文のなかに複数あることを示す

村岡　到（むらおか　いたる）
1943年4月6日生まれ
1962年　新潟県立長岡高校卒業
1963年　東京大学医学部付属病院分院に勤務（1975年に失職）
1969年　10・21闘争で逮捕・有罪
1980年　政治グループ稲妻を創成（1996年に解散）
現在　オルタ・フォーラムQ『QUEST』編集長。『カオスとロゴス』編集長。
個人紙「稲妻」を発行
〒179-0071　東京都練馬区旭町2-39-4-305
http://www.nn.iij4u.or.jp/~logos/

不破哲三との対話——日本共産党はどこへ行く？
2003年11月15日　初版第1刷発行

著　者——村岡　到
発行人——松田健二
装　幀——桑谷速人
発行所——株式会社社会評論社
東京都文京区本郷2-3-10　電話03（3814）3861　FAX03（3818）2808
http://www.shahyo.com
印　刷——ミツワ
製　本——東和製本

ISBN 4-7845-1432-5